U0595377

# 多卖三倍

弗兰克◎著

民主与建设出版社
·北京·

# 目 录
## Contents

## 第二章　找对人，多找 100 个客户

## 第三章　说对话，让客户爽快下单

## 第四章　做对事，成为批量成交高手

做一个使命必达的猛人！

我本名李绍雄，四川巴中人，英文名Frank，网名弗兰克，寓意坦诚和直率。1982年出生，大学毕业后在外企从事项目管理工作。30岁之前，我最大的愿望就是40岁时月薪5万元，有个秘书。我从来没想过自己会辞职转行做互联网，从来没有想过写书，也从来不敢想象给人讲解销售和成交。

以前和朋友提钱我会脸红，觉得赚朋友的钱不好意思。离职创业后为了让自己生存下来，我花钱飞到全国各地去学习商业思维。我参加过在会展中心举办的8000人学习大会，参加过万元人脉连接大会，参加过30人的深度学习小班，也付费请私人教练做过一对一指导。

通过不断学习和实践，35岁辞职转行的我，36岁出版人生第一本书，37岁一篇文案卖了300万元，39岁单月业绩破100万元。10个小时裂变1万付费用户，策划多个100万+爆款课程。

因为有大量实战经验，我被"千聊"和"荔枝微课"平台邀请宣讲产品策划和文案，被企业邀请做新媒体内训，登上"深圳电台先锋898"分享新媒体创业经验，也作为封面人物登上过2020年3月的《中国培训》杂志。

## 失败的人找借口，成功的人找方法

从小到大，从职场到创业，我一路上经历过很多挫折。

8岁时，我母亲因洗衣服时意外溺水而过世。那是1990年冬天的某天下午，她带着衣服去堰塘清洗，因为石头滑，掉进寒冷刺骨的水里，不会游泳的她永远离开了我和哥哥。

缺少母亲关怀长大的孩子，性格隐忍，容易自卑，倾向讨好他人。他们不擅长经营人际关系，不擅长表达情感，不懂得拒绝他人并争取自己的利益，通常让自己首先关注他人的感受和利益，甚至会因此委曲求全做出损害自己利益的事情。

2005年，从成都理工大学毕业后，我由四川南下去了深圳，进入了当时员工人数最多的世界500强公司——富士康。那时的我月薪3000元，每天打交道的是SMT、BOM、物料、QC、锡膏和烙铁。

实习期结束时，主管和我们实习生吃饭，席间他分享自己的职业经验说："每一年我都会更新自己的简历，虽然不一定跳槽，但是这样能让我更清晰地知道自己在职场上值多少钱。"

从那以后，我便开始有危机感，半信半疑地把自己的简历挂在招聘网站上，时不时和猎头聊一下，看看自己值多少钱。

在 25 岁的时候，我遇到自己的恩人，跳槽进了一家世界 500 强外企，确定了自己的职业方向。

进入新公司后，2008 年全球经济危机爆发，2009 年公司开始裁员，我被老板叫进办公室，10 多分钟的谈话，我居然像哑巴一样一句英语都说不出来，像极了"一只待宰的羔羊"，无法表达自己的观点，捍卫自己的权利。

躲过一劫之后，我狠狠下定决心，一定要学好英语，不再当哑巴，然后购买了一部三星 i8000 开始学习英语。

为了在职场生存下来，我下定决心去学习英语。我抱着必胜的决心，不达目的誓不罢休。

为了检验自己学习英语的决心，我先为自己设置了一个小目标：一个月背诵 500 个托福单词，完成目标就留在公司，完不成 500 个托福单词目标就跳槽找新工作。

就这样，我开始背诵我这辈子可能都不会再用的单词，检验自己学习英语的决心。

Simultaneous、Jeopardize、Metaphor、Turmoil、Paradox……

完成这项挑战后，我又去看 FT、NY Times、The Economist、Time 等网站。

极致践行者大会分享

后面慢慢接触到天涯漏屋、Yangyang Cheng、小笨霖以及一些同传前辈的学习方法，我把能接触的环境——手机、电脑和互联网，全部改成英文模式，自己给自己创造全英文环境。

通过看全英文工作文档，和老外同事邮件沟通、电话交流，我慢慢能够根据语境推测出对方要表达的意思。

3 年时间，我自学记录了 2 万多个英语词条和句子，后面因为英语水平不错被老板提拔为项目经理。

以下是我总结的普通人学习英语的 7 个方法：

第一，先看中文，后看英文，牢记例句。

第二，读英文原文，建立英语语感。

第三，忘记单词，用英语解释英语。

第四，场景练习，用自己的话练习。

第五，靠近老外，纠正错误的表达。

第六，拥抱尴尬，全英文和老外交流。

第七，刻意练习，咬咬牙坚持一年。

回顾自己学英语的过程，我发现任何技能都可以习得，都有方法。失败的人找借口，成功的人找方法。

放下"我不行、我不会、我做不到"的念头，改成"我一定行、我可以学、我可以试"。

放下完美主义，不给自己设假想敌，少想多干，试错优化，逐步改变。

放下杂念，关注行动，试着去做之后，会发现很多事情都并没有想的那么难。

## 置之死地而后生，人生能有几回搏

2012年我30岁，回老家路过成都住在同学家，发现身边昔日高中同学，不是买车就是买房，谈论的不是读博就是投资，这使得迈入而立之年却独身迷茫的我感到无限焦虑。

在迷茫焦虑中，我去太平洋保险考保险牌照，去华为面试全球采购。

2013年，我偶然接触到社群，开始努力学习以期提升个人竞争力。

2014年，我开始尝试通过帮助别人众筹来找到自己的优势。那个时候的我，没有流量，不懂文案，不懂销售，只凭着一腔热情，不懂就学，没人给钱就厚着脸皮去微信群做广告做销售，最终两周筹集到1万元。

5月，我开始组织线上分享，希望大家都贡献出自己的一份力量。但是大家忙工作、忙家庭、忙社交，大多数人都只是围观，500人的微信群，愿意积极付出的只是很少很少的一部分。

经历2014年整整一年的折腾，我领悟到了一个道理：

求人不如求己，没实力就没有话语权。

> **"**
>
> **求人不如求己，**
> **没实力就没有话语权。**
>
> **"**

2015 年年初，小孩出生之后，抱着他柔软的身体，我顿时感觉自己一无是处，不配当一名父亲。

那段时间我时常思考：我是谁，将来要去哪里？带着这样的疑问，我开始质问自己：30 年后我能为这个世界留下些什么？假如我下楼被车撞了，可以给小孩留下什么？

通过自己不断反思和输出内容，不逃避，面对自己，分析问题，解决问题，慢慢地，开始有人为我写的文章打赏 1 元、6 元、200 元……

2015 年，通过写作，我收到了来自陌生人的 1 万元打赏。

2016 年，通过教年轻人写作，我利用下班时间一年赚了 30 万元。

2017 年，女儿出生，我开始做 5 分钟读书会，实现 10 个小时裂变 1 万付费用户。

慢慢地，我一个月能赚 6 万元了。通过 3 年多的探索，我似乎找到了一条个人转型的路。

原来我可以！制造业的我也可以玩转互联网！

那一刻，我信了！

新媒体是这个时代普通人实现逆袭最好的机会，没有之一。后面我幻想，如果我全职来做这件事，一年有 12 个月，加起来便可以做到 100 万元，这可是我老板的老板的老板 1 年的收入！

我可以吗？

我可以吗？

我可以吗？

面临抉择，我时而激动，时而沮丧。一边是年薪百万的诱惑，一边是迷茫焦虑的担忧。

收入稳定吗？失败了怎么办？如果混不下去还能返回职场吗？真的要放弃这么多年的积累吗？ 35 岁了能拼得过那些 00 后吗？

我真的可以吗？

我真的可以吗？

我真的可以吗？

说实话，我没有答案，我不知道，我不确定。我只知道我 35 岁了，我的人生一半已经埋在土里，再不搏一搏我就 40 岁啦!

人生短短几个秋,

不醉不罢休。

东边我的美人,

西边黄河流。

来呀来个酒啊!

不醉不罢休。

那时的我, 只想一醉方休, 用酒精麻醉自己。

去还是留, 得过且过还是拼命一搏, 这个问题一直折磨着我。

不懂就学。

不懂就问。

不懂就试。

2017 年 7 月, 我带着疑惑去请教大成教练熊哥, 我问他:

我可以辞职吗?

我可以辞职吗?

人在迷茫无助的时候, 就希望有人帮自己做决定, 希望有人给自己一个答案。熊哥用教练的方式, 带我做 SWOT 分析, 做利弊分析。

一个多小时的理性会谈, 我还是无法说服自己, 说服自己放弃 12 年的积累，到一个不确定的领域去做没有绝对把握的事情。

道理懂了很多，真正遇到大事，自己还是会六神无主。最后他问我："如果 30 年后的今天，来咨询的是你的小孩嘟嘟，他就坐在你对面，带着同样迷惑无助的眼神问：'爸爸，我要辞职吗？'作为父亲你会对他说什么？"

爸爸，我要辞职吗？

爸爸，我要辞职吗？

爸爸，我要辞职吗？

这个声音回荡在我脑海里，久久不能离去。那一刻，我心里默默对小孩说：孩子，去闯吧！

**"**

**孩子，去闯吧！**

**"**

在儿子的眼里，你是超人；在妻子的眼里，你是顶梁柱；在父母的眼里，你是他们的寄托。你不坚强，到底懦弱给谁看？！……

自己没有条件做富二代，但是我想用尽全力搏一搏，看看世界会给我什么不一样的色彩。

> ❝
> ### 我不聪明，但我不认命！
> ❞

我不聪明，但我不认命！**人到中年，35 岁辞职照样也可以闯出一片天！** 就这样，我离开了工作 12 年的外企，去面对真实的商业世界。

## 创业就是把话说出去，把钱收回来

2017 年 8 月 27 日，我离开了工作 12 年的项目管理岗位，35 岁裸辞开始内容创业。

离职之后我以为会大干一场，但当头一棒却是合作伙伴的无声离开和助理离职。

老天爷故意在考验我的豪情壮志！失去收入来源，没人给我发工资，难道我就这样认输吗？！

那时的我，没有设计师，不懂海报，不懂文案，不懂销售。为此，我开始买书，买课，请教人，实在不行，便对着视频一步一步依葫芦画瓢。

不懂就学。

不懂就问。

不懂 Photoshop，不懂左对齐，不懂如何选中图层，我便请教一个广州来的朋友现场演示"ctrl+ 鼠标左键"的操作。

为了做出通俗易懂的内容，我收集素材分类整理，研究整理了 1000 个标题，研究了 30 个榜样，整理了 100 个故事。

努力了30天后，9月份我通过写作训练营获得了20万元的收入，10月份和朋友一起做训练营两周便做到100万元业绩。

终于活下来了，我叹了一口气！为了让自己的创业走得更长更远，我决定写书。

**不懂就学。**

**不懂就问。**

**不懂就试。**

2018年，为了写书，我去北京请教了3个出版社编辑，花了15 000元去上写书线下课。然后我慢慢知道了如何写书。

**写什么？**

**写给谁？**

**有啥用？**

通过半年时间的打磨，书籍一出来便登上央视《第一时间》栏目，也因为这本书，我获得了和2000万粉丝平台——"年糕妈妈"的合作机会，一起创办了"妈妈写作训练营"，并销售了7000多份，销售额超300万元。

单亲家庭的经历，让我始终不敢相信好运会持续下去，幸福有时就像雨后彩虹一样，不知道什么时候就会失去。

为了缓解焦虑，我花了3000元钱参加一个知识变现训练营，很少去听课的我，偶然听到一句让我印象深刻的话。

> **做离钱最近的事情！**

原来我的创业做的从来不是离钱最近的事，这句话突然让我意识到我的焦虑点在哪里。

为了生存下来，我选择做内容；为了让更多客户认识我，我开始出书；但出书之后，我的客单价却没有变高。

我必须再一次做出选择。

纠结之后，在理财、投资、销售、营销、写作、新媒体中我选择了销售，即通过帮助客户提升销售能力，做帮别人赚钱的事情。

说干就干，2019年春节期间，我开始练习从最小切口入手讲朋友圈成交，不看春晚、不串门、不看电影，在老家闭门做课程。

连续打磨3个月，谈了三五个平台之后，我的课程终于被平台接受并推广，曝光量100万+，上线两周销售1万单。

课程推出后，学员反馈和市场销售效果都不错，荔枝、静雅思听、蒲公英课堂、开单助手、华埔学堂等公司的合作合同接踵而来。

为了持续提升自己的销售能力，我开始请教品牌营销高手小马宋老师，向"转化率特种兵"陈勇老师付费学习。

通过不断参加线上线下学习，通过实实在在花钱，付费2万元、5万元、10万元加入别人的圈子，我才突然明白：

哦，原来别人是这样成交的？！原来我的纠结和顾虑是这样被突破的。

**66**

**买多了，就会卖！**

**99**

买多了，就会卖！我经常分享这个观点给朋友。但其实，要做好销售，首先得有一个好产品，一个真正帮助客户解决问题的好产品，并且让客户感知到它的好。但销售的最终目的是把东西卖出去，把钱收回来。除了产品好之外，还要学习销售技巧和销售习惯。

一个好销售，一定要多买，要分析，要复盘。不仅要分析自己，也要分析客户。不仅要分析为什么买，也要分析为什么不买。

## 把自己当客户，己所不欲勿施于人

把自己当客户，问问自己会不会买，为什么买，为什么不买。以终为始，然后优化成交过程中的每一个动作。

加微信，找到潜在目标客户。

做触达，建立良好客户关系。

聊需求，挖掘客户真实需求。

呈价值，快速呈现产品价值。

消顾虑，消除抗拒下单收钱。

通过不断读好书、见牛人、花大钱、干大事，我把学到的、做到的、学员反馈的销售成交方法论，总结成一个包含下面 4 个方面的体系：

第一，放下脸，打破成交瓶颈。

第二，找对人，多找 100 个客户。

第三，说对话，让客户爽快下单。

第四，做对事，成为批量成交高手。

在疫情期间，我把自己学习和实践的经验分享出来，帮助珠海的侠姐一个月收益 30 万元，帮助江西的小鸦一个月成交 20 万元，帮助做投资的 Kevin 收益 35 万元 + 以及帮助在武汉做培训机构的胡老师线上转型成交 47 万元。

这些方法，让学员在陌生社群成交 1 万元，加微信不到 25 分钟成交 4980 元，之前不擅长销售现在一单成交 3 万元。

在帮助大家提升销售力的过程中，我一直分享 3 点：

第一，一定不要把精力平均放到所有人身上，而要把 80% 的时间放在 20% 的重点客户身上。

第二，一定要了解目标客户的真实痛点和需求，千万不要自以为是。

第三，一定要有成功案例，做好服务，真心帮助客户解决问题。

# 这本书对你意味着什么

很荣幸你能在万千书目中选中我写的这一本。心不唤物，物不至；心不想事，事不成。现在，你已经有了做赚钱的事、提升销售力的念头。

有可能在执行的过程中，你不好意思谈钱，觉得现在的自己不够强大，不好意思展示自己，把自己包裹起来，不愿意分享自己的成长和幸福，期待天上掉馅饼，希望某一天自己变厉害了，客户主动来找自己。

在新手入门阶段，你会遇到常见的 3 种问题：

第一，不好意思谈钱，觉得赚朋友的钱是一件很丢脸的事，你害怕被拒绝，不自觉地觉得低人一等。

第二，你觉得自己的产品很好，但就是找不到精准目标客户，业绩无法提高。

第三，不懂销售技巧，报完价格之后，客户再也不说话。跟了很久的客户，最后买了别人的产品。

经过大量的实践和反馈，我总结了成交的黄金三角（需求、价值和顾虑）和最简单的成交模型（你有病，我有药，快来买）。

这本书尽量做到让你听得懂、用得上、能赚钱。在内容呈现上，用了很多第一、第二和第三，目的是让你更轻松理解和运用。

听得懂。

用得上。

能赚钱。

在出版这本书之前，我送了200本2万字小样给朋友。

沁沁说："和市面上大多数都停留在思维层面的书不同，整本书都是知识与行动结合的方式，让干货变得更加生动形象。比如开篇就有'读一下''对着镜子念一下'这种行动指令，促使我对书后面的内容更加好奇，和书籍的距离感也消失了，感觉自己完全进入了书中设定的场景。"

Topsales 雷开锋读了之后说："如果能两年前读你这本书就好了。"

做投资的卢宗美读完说："从认知、心态到方法层层递进，有理论有实战，看完非常受益，需要收藏反复查看学习。"

公司职员 Cranberry 读完说："这本书不仅适合资深

销售，对入门销售也很友好，为自己接下来该怎样做事指出了方向。"

这本书的目标是让你产生看得见的结果，重行动和实操，让你看到、学到、用到并且赚到。

> **看到、学到、用到、赚到。**

让你用最少的时间、最小的成本，系统掌握引流成交的方法，多找 100 个客户，多赚 10 万元，甚至 100 万元。

## 关于本书

这本书少理论，重实践。书中"目标"这个词用了 73 次，"结果"用了 67 次，"行动"用了 38 次。

> **要撕书、要用书。**

为了方便你随身携带，我把书设计成钱包大小，同时给你全书的思维导图，目的是希望你用这本书，甚至把某些章节撕下来，而不仅仅是看完折两页，标注几点，然后再也不看。

这本书是在大量的调研和用户反馈基础上，修改了十几个版本之后的成果，相信这本书一定能提升你的一对一成交和批量成交能力。

在你开始阅读正文之前，我想对你说3点：

第一，给自己设定一个目标，比如通过这本书，多赚1万元。然后去挑选你最需要的章节，选取一些方法，结合自身实际去运用，去实践，去获得结果，真正做到看到、学到、用到和赚到。

不管是身在职场还是自己创业，都是一个定目标、带团队、追过程和拿结果的过程。不是自己定目标，就是被他人定目标；不是自己带团队，就是被他人带团队；不是自己追过程，就是被他人追过程。无论身在职场还是自己创业，没有结果，就只能出局。

第二，这本书非常适合作为销售型团队的培训教材，它可以很好地帮助成员提升销售能力，特别适合保险经纪人、内容付费从业者、创业者、销售、咨询师以及做合伙人商业模式的团队。

如果你购买 200 本以上，我会给你做一场一个小时的专属定制的线上分享；如果你购买 1000 本以上，我会免费给你做一场线下 3 个小时的内训。

第三， 如果你通过本书的方法取得了好成绩，请一定告诉我，并推荐给你身边最在乎的人，让他们也受益。

第一章

# 放下脸，破除成交瓶颈

# 第一节
## 不好意思谈钱，如何提升赚钱能力

赚钱的方式各种各样：有人出卖自己的时间用体力赚钱，有人当老板让他人为自己赚钱，有人做投资用钱赚钱，有人用信息差赚钱，也有人用资源赚钱，等等。

在职场工作，我们一份时间卖一次，卖给一个老板（客户），薪水每年一调（客单价），生病住院需要请假（成本），一年的职场收入约等于工资加奖金（或补贴）减去请假等扣除的费用。

辞职创业之前，我在外企做项目经理，每天的工作就是做计划、写邮件、开会，和研发、市场、运营、供应链、财务等部门的同事打交道，推动项目执行落地，处理遇到的各种问题，然后把项目进展汇报给管理层和客户。

晓之以理　　动之以情　　胁之以威　　报之以笑

晓之以理，动之以情，胁之以威，报之以笑。这 16 个字就是我工作的全部内容。

2018 年，我花 3000 块钱参加了一个知识训练营，说实话，交了 3000 元，我很少去"冒泡"，也很少去听课，但是有一句话让我印象深刻。

## **做离钱最近的事情！**

这句话让我反思，我这些年好像都没有做离钱最近的事。

在公司工作，销售、市场采购、研发等才是离钱最近的事。销售做得好，可以拿提成，可以拿奖金。但是如果一直做管理和支持，到 35 岁还没有自己的核心竞争力，可能面临被淘汰或者被成本更低的新人替换的危机。

做理财、做投资、做销售、做营销、做新媒体才是离钱更近的事。

通过不断探索和试错，我发现我能做的离钱最近的事情，就是去教人提升销售技能，这能够让我在激烈竞争环境中脱颖而出，于是就有了这本书。

关于赚钱这个话题，我发现很多人有卡点，主要表现在下面3点：

## 一、不好意思谈钱，觉得赚朋友的钱是一件不道德的事

很多人不好意思谈钱，不敢开口，心里想我东西这么好，他咋还不掏钱呢？嘴上却始终说不出口，怕得罪别人，希望对方能主动购买，然后把自己憋个半死。

这类人的潜意识里，朋友之间应该相互帮助，应该以礼相待，应该送他钱而不是赚他钱。不好意思收钱，核心原因是价值感不够，认为自己给对方带去的价值小于价格，为对方不值。

如果自己买一个2万元的摄像机，5000元转手给朋友，

就会毫无压力。同理，一项技能，获取花费了 10 万元，然后 1000 元出售，就会非常心安理得。

其实谈钱是一件很高尚的事，只要初心是帮助别人，能解决对方的痛点，让对方少踩坑早受益，即使对方付出相应的成本，你也是在做慈善。

不好意思谈钱，有 3 个建议供参考。

第一，改变思考方式。我是在帮助你，给你提供价值，顺便赚点钱。

第二，先给对方发红包，送礼物，再介绍你的产品和服务。

第三，先购买对方销售的产品和服务，再销售你的产品和服务。

## 二、害怕被拒绝，不敢主动销售产品和服务

小时候，如果爸爸妈妈带礼物回家我们就特别高兴，然后我们就会很开心，觉得爸爸妈妈爱我们。

如果我们考试成绩差，或者贪玩调皮捣蛋，父母就会发脾气，然后我们也会不开心，觉得爸爸妈妈不爱我们。

如果父母经常吵架，或者在学校我们老被人欺负，在

职场工作总被人批评，长期在负面打压环境中成长，就会不自觉归因为自己不够好，一切都是因为自己的错。

久而久之，我们就会不自信，变得自卑，害怕被拒绝，在乎他人的评价，害怕自己的一言一行不被他人认可。更有甚者在现实中被人欺负时，抱着多一事不如少一事的原则，委曲求全求安稳，不愿意表达自己真实的想法和要求。

害怕被拒绝，核心原因是在乎他人的评价，害怕不被他人认可。

在实际销售中，我们去拜访客户，被拒绝说太忙没时间；介绍产品，对方心不在焉甚至不耐烦；打电话，对方立马挂掉；发微信，对方不回复甚至拉黑等。这些情况会打击我们的自信心，让我们不敢继续坚持下去。

刚开始销售时的收钱环节，对一部分人很有挑战，一旦开始销售，就会发现客户给钱很爽快，他们很开心而且很感恩你，并不是想象中的那么面目可憎。

成交中，让客户付钱这个动作比最终成交额更重要，因为它代表着身份突破，你已经从消费者转变成销售者。

害怕被拒绝，在乎他人的评价，害怕不被他人认可，有3个建议供参考。

第一，理性面对，对方拒绝的是这件事而不是拒绝你这个人。

第二，多做公益，接受他人的认可，看见别人眼中的信任。

第三，多去消费，体验并学习高端服务如何获得客户认可。

如果某一天你放下自己的不自信，不再在乎他人的评价，勇敢面对质疑和拒绝，践行成交就是成就，你会发现客户越来越多，喜欢你的人更喜欢你，讨厌你的人会变少而且已不再重要。

## 三、不敢收高价，在低价产品上打转，不敢10倍提升单价

不敢收高价，核心原因是不自信，自我价值感低。

为了更好地做出付费内容，我曾付费向前辈学习经验。

有一次，一位老师讲策划，他讲到用户思维和产品思维，当时我并没有理解得很透彻。后来在阅读《腾讯产品法》时，作者讲做产品就是解决一群人在特定场景下的问题，我才恍然大悟。

然后，我自己独立策划出了爆款专栏《朋友圈不刷屏成交术》，全网销售4万多份，随着不断做出爆款《妈妈写作课》《五分钟读书会》，自己的信心和价值感也越来越强。

随着用户好评越来越多，帮助用户拿到的结果越来越多，我开始做一对一定制私人教练。

通过线上线下服务，我帮助从海外回国工作的心理咨询师Jenni找到高端门诊合作，并成功和线上平台合作开发心理学课程，让她的咨询费客单价从几百元做到上万元。

不敢收高单价，有3点建议供参考。

第一，从给客户带去的价值出发，而不是从成本出发。

第二，花高价进入高端圈子，和比自己强的人在一起，提升价值感。

第三，做成一件里程碑事件，刻意练习，提升自信心。

如何成交高单价？

新手在没有老客户的情况下，要成交高单价，需要积累一些时间，可以尝试下面3种方法：

第一，先成交低价产品。

通过不断付出和服务，让对方收获超值回报，从而获得客户的信任和认可，再成交高价产品。通过第一个认可你的高价客户，做口碑吸引更多高价客户。

第二，进入一个高价值的圈子。

触达到高净值人群并且让对方认识你和了解你，免费提供超值超期待的服务，获得信任然后成交第一位客户。比如：特斯拉车友会，MBA商学院。

第三，找到精准客户。

找有影响力的人推荐转介绍，获得试用机会。

刻意练习提升自信。

买一面镜子，对着镜子里自己的眼睛，别眨眼，然后大声朗读下面7句话：

第一，我是专家，我是教练，我是富人。

第二，我有资格赚100万元，我有能力赚100万元。

第三，成交就是成就，我是一个对你超级有用的人。

第四，我热爱我的产品，我对产品价值充满信心。

第五，我的内心无比强大，我的工作是成就更多客户。

第六，价值不到位，绝对不推销。

第七，不买不是你的错，是我没介绍清楚。

### 小行动

写下自己可以销售的产品或者服务，一个能解决客户痛点、实实在在让对方受益的产品和服务，如做代理、做社群、收会员、做咨询、卖课程、做培训、做团购、卖水果、卖土特产等。

突破瓶颈

老子是干大事的人！

# 第二节
## 学会问答赞，会聊天就能做销售

前阿里巴巴 B2B 中供铁军总经理俞朝翎，人称"俞头"，电大夜校毕业之后曾进过一家合资公司当技术员；前阿里巴巴早期销冠吴志祥，通过 FrontPage、Dreamweaver 做网站，是一名业余的站长；干嘉伟做过酒厂搬运工。

乔·吉拉德，《吉尼斯世界纪录大全》认可的世界上最成功的推销员，从 1963 年至 1978 年共计推销出 13 001 辆雪佛兰汽车，连续 12 年平均每天销售 6 辆，其纪录至今无人能破。他 16 岁时离开学校成了一名锅炉工，再后来成了一名建筑师盖了 13 年的房子，35 岁破产负债 6 万美元，为了生存下去转行去做汽车销售。

以前混不下去才去做销售，互联网普及之后，直播、社群、私域、"种草"等新名词层出不穷，现在人人都变成了销售。

相信你一定接过很多陌生推销电话，这给你造成很多不好的体验。比如一个保险经纪人或者银行服务客服打电话给客户：

您好，我是 ×× 公司的 ××，我公司有一个 ××，请问您需要吗？

这种电话一上来就是推销，大多数人都会反感和抵触，不说话秒挂，说抱歉不需要，有些还会反问你是从哪里知道我电话号码的，更有甚者破口大骂。

销售行业门槛极低，会打电话会聊天就能做销售，关键在于怎么打和怎么聊？

## 一、会聊天就能做销售

会聊天就能做销售，推荐最简单的一个话术：问答赞。

回到上面保险经纪人或银行服务客服打电话，用问答赞的方式沟通举例：

问：请问你是 ×× 公司 × 总吗？

答：你好，是的，找我什么事情？

赞：太棒了，× 总，终于找到你了，之前联系了你几次电话都没通。

问：你是我们公司的 VIP 客户，看你去年一共消费了×××，今年我们针对 VIP 金牌客户推出一些增值服务，你现在有 2 分钟时间吗？

答：好的，我等下有个会，你说。

赞：好高效的安排……

问：我们公司现在推出了 ××× 产品，能够让你××，你方便见面聊 10 分钟吗？

通过问题、回答和赞美让聊天持续进行下去，最终顺利成交。

再举一个例子，进商场服装店闲逛买衣服，普通销售的对话是这样的：

销售问：欢迎光临，有什么可以帮到你？

顾客答：我就随便看看。

销售：好的，有需要随时找我。

顾客：沉默……

看过这本书之后的销售对话是这样的：

销售问：欢迎光临，先生你是第一次进我们这个店吧？

顾客答：是的……

销售赞：那太棒了，我们针对新客户做优惠活动，买一送一，力度特别大。

顾客问：是嘛？！

销售答：买任何一件东西都送……买衣服送衣服，买丝巾送丝巾……包括最新款。

（看到顾客在一件衣服前停留下来。）

销售赞：你品位真不错，这是公司邀请巴黎顶尖设计师设计的最新产品……

销售问：这款特别适合你，要不我拿下来给你试试？

和陌生客户打交道，第一句话非常重要，问姓名，问职位，问一个既定的事实，做到与对方有关，然后在随后的回答中，做到对他有用。通过问题、回答和赞美让用户试用和体验，最终顺利成交。

问答赞不仅用在产品销售中，在日常沟通中也非常实用。

举例：假设晚上你回到家，看另一半脸色不太好，你问对方吃什么，用问答赞的方式。

老公问：老婆，今天晚上吃点啥？

老婆答：没心情，不吃。

老公赞：呀，太棒了，我今天也不想吃饭，刚好可以一起减肥……

老公问：晚上不吃饭，多遛弯儿，吃水果，我们家生活越来越健康了……要不，我给你来点葡萄润润嗓子？

通过问答赞，让关系更加融洽，沟通更加顺畅。

哈里·弗里德曼在《销售洗脑》里面总结销售最糟糕的 5 句开场白如下：

我能帮什么忙？

你在找什么呢？

你有什么问题吗？

你知道我们在卖什么吗？

我们刚刚进了新货，非常棒，对吧？

真正厉害的销售，开场白都不会谈及销售。问答赞聊天销售法，能有效消除客户抵触情绪。

问答赞的核心在于问对方一个愿意回答的问题，通过察言观色，预判客户需求，聊对方最感兴趣、最需要、对对方最有用、最可能回答 yes 的问题。

跟妈妈聊孩子，跟高管聊管理，跟产品人聊技术，跟技术人聊行业，跟运营人聊产品，让对方感受到被尊重、被关注。通过聊天，把你的产品和服务销售出去。

## 二、销售是影响他人的能力

销售不只是买卖，建立良好人际关系，获得别人认同，一切获得用户认可、让用户做出选择的行为都是销售。

比如，向老板申请预算，他选择否决，代表你销售失败。

和猎头谈判跳槽涨薪 30%，他同意，代表你销售成功。

周末聚餐你提议吃火锅，朋友同意，代表他们接受你的方案。

发朋友圈获得大量点赞，大家用大拇指认可你的观点和行为。

销售是一份职业，也是一种技能，它代表你影响他人的能力。

"世界上最伟大的汽车销售员"乔·吉拉德说他成功的秘诀就是让客户喜欢他，他会因此做一些表面上看起来愚蠢又麻烦的事情。

比如，每个月，他都会给自己 13 000 多名老客户寄送印了字的节日贺卡。贺卡上的名目每个月都不一样（新年快乐、情人节快乐、感恩节快乐等），但是封面上的信息却从未改变，上面写着"我喜欢你"。

销售绝非易事，冷漠、抗拒、不被理解、恶意中伤、背叛等时有发生。你无法叫醒一个装睡的人，也无法感动一个不爱你的人。

如果销售是你的工作，请你心中一定要装满大爱，用使命和愿景以及商业模式帮助更多人。

关于沟通

# 自强才是王道！

# 第三节
# 最好的销售就是自我销售

思维决定行为，行为决定习惯，习惯决定命运。人的一言一行都在对外销售，销售你的人格魅力，销售你的观点以及销售你的产品。

## 一、自我介绍就是自我销售

15年前第一次参加工作，实习期结束时，主管和我们实习生吃饭，席间他分享自己的职业经验说："每一年我都会更新自己的简历，虽然不一定跳槽，但是这样能让我更清晰地知道自己在职场上值多少钱。"

从那以后，我会把自己的简历挂在招聘网站上，每年都会向猎头销售自己看看自己值多少钱。

3年前，我去北京参加一个线下课，课上每个人需要上台做一分钟自我介绍。有一个90后小哥，上台自我介绍道："我叫×××，×××公众号创始人。3个月之内，我把公众号从0做到230万粉丝……客户投了10万元广告费，我帮他卖了100万元的货。"

他介绍完之后，休息期间很多人走到他身边去加他微信，和他聊合作。

再到后来，在一些社交场合，我陆陆续续听到过一些人介绍自己："大家好，我是×××，×××CEO演讲顾问，曾经服务过×××，全网拥有3000万粉丝，一场直播带货销售×××万元。"

再到后来，听了冯卫东老师的定位课之后，我知道了品类名、配称等专业说法。也从其他人那里听说，自我介绍就是自我销售，从标签到数据再到资源，凸显的是实力，秀的是专业也是地位。自我介绍可以低调，也可以高调。例如从精准定位××行业第一人，到××公司创始人。

## 二、你销售的到底是什么

几个月前去外地出差，一个朋友组了一个饭局，邀请了几个熟悉的朋友和一个做房地产销售的姐姐。朋友说这个姐姐是他的贵人，现在在做房地产，从白手起家做到数亿资产，他非常感恩她曾给予自己的帮助。

入座后，这个姐姐非常谦虚和低调，说自己什么都不懂，还起身一一向在座的朋友敬茶。

> **66**
>
> ## 顶级销售销售人格魅力。
>
> **99**

普通人销售能力，告诉对方自己能帮助对方做什么；厉害的销售，销售资源和圈层，让对方实实在在获得利益；顶级销售销售人格魅力，通过举手投足一言一语，让对方感受到被尊重和认可。

有一个朋友，人称红包王。他加入一个群的第一件事是发红包，而且红包数额还不低。有他在的地方就有红包，各种名头的红包都有。

早上起来的时候有豆浆、油条包；中午吃午饭时有鸡腿包；下午困意正浓时有下午茶包；晚上睡觉之前有晚安包；高兴的时候有高兴包；悲伤的时候有安慰包……

总之，只有你想不到，没有他做不到。

线下见朋友他会提前备好伴手礼；吃饭时会抢先埋单；好久不联系时他会快递送上一份时令水果；出书时，他会为身边的朋友寄签名书，而且不是一本，是一整箱。

　　还有一个朋友，她每次在线下结识朋友时，都会随身带一个照片打印机，打印机不贵，和手机尺寸差不多大小。和别人合完影后，她会当场把照片打印出来，然后签上自己的名字送给对方作为纪念。

　　自我介绍就是自我销售，销售的是什么呢？销售你独一无二的优势、能力、结果、情商以及为人处世的方式，这些优秀品质散发出的光芒，能深深吸引着对方，让对方喜欢你、接近你、尊重你、信任你、崇拜你和跟随你。

## 三、加入数字善用第一

　　前两年在一个朋友家吃饭，席间认识了一个做电影的朋友，特别厉害，头衔特别多：×××创始人、×××协会主席、电影协会会长、制片人、春晚演员等。

　　聊了一会儿之后，他告诉我想做一个简单的自我介绍去打动投资人，希望将来在发布会上能吸引到潜在的投资人。

　　了解清楚需求后，我结合冯卫东老师讲的定位三原则"你是谁，有何不同，何以见得"，把他过往的成绩做了一些减法，糅合包装之后留下一句话：

　　深圳第一位获得威尼斯金狮奖提名的新媒体电影制片人。

找到所在领域的第一，或者成为某个垂直细分领域的第一，这样才更容易让人记住。

## 四、借助名人权威

当你能量很大，可以独当一面的时候，你可以造势影响更多人；

当你能量不足时，可以靠近有能量的人，借助他人势能影响更多人；

通过造势加借势，成事之后你得势，然后你将拥有更大能量和能力影响更多人。

在自我介绍、自我销售时，将一个更权威、更有影响力的人或者公司和你绑定在一起，能让人更容易记住你。

比如，徐小平的私人健康顾问就比市面上其他私人健康顾问更有说服力；罗振宇的声音教练就比其他普通的声音教练更能打动人。

对方记住的不是什么健康顾问和声音教练，对方记住的是徐小平和罗振宇。

在移动互联网时代，注意力等于金钱，谁拥有了用户的注意力，谁就拥有了金钱。

### 五、找到自己的优势

加入一些高级社交场合的朋友，经常被一些"牛人"的自我介绍刺激或吓着，甚至因此而自卑或者自我怀疑。其实大可不必，每个人都有自己的故事，每个人背后都有自己的闪光点，家家有本难念的经，每个人都有自己的难言之隐，但是对方只会让你看到他想让你看到的点。

如果能力、资源、地位相对偏弱，面对现实，接纳现实，努力做好自己。不卑不亢，不骄不躁，奋起直追。

当自己弱小的时候，今天可以说自己弱小，明天可以允许自己弱小，但是明年后年再也不能允许自己说同样的话。

认真梳理自己，有过哪些成果，拥有什么资源，哪些事说起来滔滔不绝，哪些事自己引以为豪，在哪些事情上花时间最多，一项一项列下来。

通过梳理，一个山西的朋友这样介绍自己：每天下班跑步5公里，坚持了4年，参加"全马"并完成比赛。

一个做文案的朋友说，自己服务过万科、华润、华侨城等知名开发商，操作过 50+ 地产楼盘项目。

销售不仅仅是卖产品，资源、人脉、圈子、观点等都可以销售。从学习、兴趣和工作能力方面梳理自己，找出自己的优势，获得别人的认可。

真正的销售高手都明白，做人大于做事。不要仅仅盯住别人的口袋，而应先关注别人的脑袋，先做朋友后做生意。人对了，生意就对了。

关于销售

你不是销售，
你是懂客户的专家。

## 第四节
## 利他思维，销冠必备的 10 条信念

当你有一个好产品——真正能帮助客户解决问题，你该如何去销售并且让客户感知到它的好呢？

在影响他人购买的过程中我们一定会遇到很多困难，面对很多冷眼和非议，只有拥有强大的内心，拥有使命必达的信念和热情，才能帮助更多的人。

你可以尝试朗读下面 10 句话，感受自己内心的变化。

**66**

## 成交就是成就。

**99**

**第一，成交就是成就，价值不到位绝对不报价。**

我不是要从你口袋里掏钱，是想看有没有什么可以帮助到你。我知道你不关心产品，也不关心文案，而是关心

我是否能真的给你带去价值和结果。

第二，不买不是你的错，是我没有介绍清楚。

我知道你很忙，我知道你还有很多选择，我知道你赚钱不容易，请允许我花一分钟时间，向你介绍一下产品能怎样更好地帮助你。

第三，买了我的产品，你会远离痛苦。

我的产品不是神丹妙药，但只要买了我的产品，你会远离痛苦，远离麻烦，提升效率。

第四，买了我的产品，你会获得幸福。

买了我的产品，你会获得幸福，财源广进。

第五，我热爱我的产品，我对产品价值充满信心。

我热爱我的产品，我为它注入心血和汗水，我对我的产品价值充满信心。我们比同行的产品更有优势。

第六，你现在就需要我，因为没有人比我更了解你。

不要再怀疑，购买就是最好的选择，因为没有人比我更了解你。根据你的需求，这款产品能让你从 ××× 到 ×××，再也不用担心 ×××。

第七，你现在就需要下单，我可以给你 100 个理由。

不要再犹豫，现在下单就是最好的选择，我可以给你100 个下单的理由。

第八，给你零风险承诺，你还有什么理由拒绝我。

不要再犹豫，为了更好地帮助你，购买之后不满意，我可以给你无理由退款。

第九，你可以放弃我，但请你不要放弃自己。

今天我在这里苦口婆心地分享，你可能会觉得我在推销，你可以不花钱不购买，你可以讨厌我放弃我，但请你不要放弃你自己。

第十，人世间最伟大的事，就是靠自己的双手干干净净地赚钱。

### 小结

销售不是推销，不是王婆卖瓜自卖自夸，是用对方能接受的方式，影响对方，成就对方；改变心态，理解客户需求，传递价值，消除对方的困惑；把话说出去，把钱收回来。

关于利他

出现在别人的生命里，
要像一份礼物。

## 第五节
## 读懂《孙子兵法》，提升团队整体销售力

《孙子兵法》能让你从更宏观的角度来理解商业和市场，这本书对商业有 3 个重要的认知：

### 一、上兵伐谋

> **"**
>
> ## 上兵伐谋，其次伐交，
> ## 其次伐兵，其下攻城。
> ——《孙子兵法》
>
> **"**

销售和打仗一样，最上策是伐谋，找到优质客户打造成功案例；然后是伐交，培养优秀团队和建立销售激励体

系；再次是伐兵，找到优质合作管道；最后才是攻城，直接面对客户谈销售签单。

做商业，要谋划布局，建立商业模式、流量矩阵、团队和品牌，养精蓄锐，把优势资源和兵力投在最能产生效果的事情上。

做销售，要做客户关系维护、售后服务等，制造客户良好体验，而不是每天不停做成交。

## 二、上下同欲者胜

《孙子兵法·谋攻篇》："故知胜有五：知可以战与不可以战者胜，识众寡之用者胜，上下同欲者胜，以虞待不虞者胜，将能而君不御者胜。"

在商业世界，系统的力量大于团队，团队的力量大于个人。销售就是通过团队的力量，定目标、追过程、拿结果，做到目标一致、利益一致、上下同欲。

## 三、知己知彼

《孙子兵法》讲："知彼知己，百战不殆；不知彼而知己，一胜一负；不知彼不知己，每战必败。"

销售要了解客户的需求和个性，也要了解自己的个性和沟通风格。进行销售时，首先判断对方是否有购买需求、购买意愿和购买能力，再通过倾听和精准表达，了解需求，呈现价值和消除顾虑，最终把话说出去，把钱收回来。

一个优秀的销售，需要提升下面3种能力：认知能力、沟通能力和销售能力。

### （一）提升认知能力

先舍后得，积极付出。做到和客户平等对话，做到不自卑、不自负、不坑蒙拐骗，做对客户有价值的事情，积极乐观面对失败和成就，真诚帮助用户。

**1. 积极思考**

在现实生活中，我们会遇到很多困难，退缩、逃避、抱怨并不能解决问题。不要抱怨客户胡搅蛮缠，不要抱怨没有客户，不要抱怨命运不公，不要抱怨生不逢时，不要抱怨有充分理由抱怨的事情。

做销售，需要把自卑、困难、痛苦等这些负面思考的词从你的脑海中彻底抹掉，把它们通通翻译成中性或者积极的思考词汇，如表1-1。

**表1-1　普通销售与金牌销售的区别**

| 普通销售 | 金牌销售 |
| --- | --- |
| 自卑：资料太多看不懂 | 自信：我对产品超级自信 |
| 困难：我约不到对方 | 尝试：下班后我在楼下等你 |
| 痛苦：客户问题真多 | 机会：发掘客户需求的机会来了 |

永远积极正面地思考问题，永远从自己身上找问题，永远思考如何做得更好。撸起袖子加油干，懂得从失败中吸取教训，跌倒之后重新爬起来。

人生没有白走的路，每一步都算数，一旦开始抱怨，你走的永远是冤枉路。

## 2. 先舍后得

世上绝没有无缘无故的爱，也没有无缘无故的恨，更没有无缘无故的合作和买卖，一切都源于先迈出的那一步，让对方：

（认识你）（了解你）（熟悉你）（喜欢你）（信任你）

《影响力》（作者：［美］罗伯特·B.西奥迪尼）传递的最重要的一个认知便是，做一名给予者，而不是索取者。运用互惠、承诺一致、社会认同、喜好、权威和偏好去影响他人。

和客户做朋友，在维护客户关系上可以采用的3种方法：

第一，春节、端午、中秋等关键节假日送定制礼物。

第二，组织线上线下主题交流会，相互促进资源对接。

第三，请客户帮一个忙，分享行业内部经验给更多人。

### 3. 建立支持体系

一个人能力再强，强不过一个团队，一个团队再厉害，厉害不过一个商业模式。厉害的销售，往往借助团队力量做业绩。

带团队做管理，是通过他人的能力拿结果，作为管理者，需要定目标、追过程、拿结果，通过流程化、标准化将价值最大化。

上面有贵人赏识，拉一把，给机会给资源。

中间有人监督，推一把，责任到人方法落地。

下面有团队执行，顶一把，金牌销售不断拿结果。

### （二）提升沟通能力

自己说了一大堆话，客户就是不买账；对客户热情有加，客户却不理不睬；同样的销售方法，甲客户顺利签单，乙客户却推三阻四。同样的产品，同样的公司，别人业绩永远比自己做得更好。

马歇尔·卢森堡博士在《非暴力沟通》中指出"非暴力沟通"的 4 个步骤：观察、感受、需要、请求。

第一步，不带评论的事实观察。

第二步，关注对方的真实感受（害怕、担心、着急、恼怒、不满、困惑、茫然等真实感受）。

第三步，不责备自己，不指责他人，体会自己和他人的真实需求。

第四步，通过观察、感受，了解到双方的需求，最后提出合理的请求。

《高绩效教练》（作者：［英］约翰·惠特默）一书的 GROW 模型，用教练对话理解客户的目标、现状、选择和下一步行动，实实在在帮助客户。

## （三）提升销售能力

提升销售能力，就是指提升能够发现客户需求、提供解决方案并从容处理异议和冲突的能力。

《浪潮式发售》（作者：［美］杰夫·沃克）一书告诉我们：可以通过造势、预售、发售和跟进 4 个步骤来实现批量成交，告诉用户，你为什么要关注我，产品会给你带来什么改变，如何才能实现客户想要的改变。

# 做一名给予者，
# 而不是索取者！

# 第六节
## 持续签单，成为销冠的 3 个核心方法

能做到销冠的人，驱动力、执行力和领导力都很棒。身边百万年薪的宝妈，团队领袖等人，他们明白，拒绝比接受更能拿结果。

前阿里巴巴销冠贺学友做销售时给自己定了一个规则，同一个客户最多见两次。这样迫使自己变得更专业，要么第一次成交，要么第二次成交。勇敢拒绝，放弃弱意向客户，积极寻找更多优质精准客户。

早期阿里巴巴曾对 1355 名销售进行背景分析，约谈了其中的 118 位，做了 495 份分析报告，经过大半年的研究，最终确定了中供铁军销售需要具备的 7 个胜任力要素，如图 1-1。

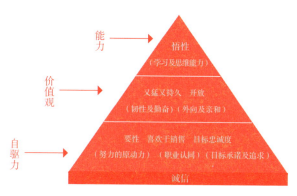

图 1-1　中供铁军销售胜任力模型

诚信、要性（极度渴望成功）、喜欢干销售、目标忠诚度、又猛又持久、开放以及悟性。

做销售，要懂得找客户，要懂得识别精准客户，要懂得分析问题，要懂得解决问题，同时还要有让人舒服的高情商沟通能力。

让他人付钱，就像唐僧去西天取经，你会遇到意想不到的困难，你要立志成为一个猛人，成为一个可以拿到结果的人。分享 3 件可以随身携带的"武器"：

## 一、以终为始

以终为始是从成交倒推，准备为实现每一个小目标而采取的动作。

- 深呼吸保持心情平和。
- 找一个安静的环境。
- 见到"正确的人"。
- 调出对方资料。
- 挖掘真实需求。
- 呈现产品价值。
- 卖一个高价产品。
- 卖一个低价产品。
- 预约一个免费产品。
- 促单成交。

以终为始要注意两点：

第一点，临门一脚，不忘提醒对方签单付钱。心中早已准备着多种让客户下单付钱的话术：

× × 你真好，要不我们今天就定下来？

×× 你真好，这是下单链接。

×× 你真好，要不要考虑为 ×× 再买一份？

第二点，充分准备，及时回应客户提出的各种疑问。如果你做线上销售，你要准备如下：

- 手机充满电（电脑准备有后备电源）。
- 一杯清水。
- 保持心情平和。
- 公司简介。
- 产品介绍。
- 样品照片。
- 案例见证。

如果你线下拜访客户，你需要注意衣着得体、准备PPT、邀请专家团队、样品演示等细节。

无论线上线下销售，都要快速准确判断用户需求和购买意愿，简洁明了说出产品的特点，及时回应客户提出的各种疑问。

## 二、目标可视化

目标可视化这句话分成两点：第一，要设定一个目标；第二，要把大目标按季、月、周分解成小目标。

举例：年度业绩目标 1000 万元，产品单价 5 万元，需要找到精准客户 200 个。按照成交率 50% 计算，需要找到 400 个客户，分配到每周需要找大约 8 个客户，平均每天要谈下至少一个客户。

目标可视化能够明确结果、时间节点和责任人。

明确到每周、每月需要做什么。

明确什么时间能够达到什么结果。

## 三、及时复盘

好记性不如烂笔头，和客户沟通完后建议及时记录并复盘。成交了，分析成交可能的原因；没有成交，便针对客户需求、预算和顾虑，分析失败的可能原因，明确下一步动作。

第一，描述结果：以终为始，还原沟通现场。

客户没有下单/支付订金/成交××产品。

第二，售前准备：

客户信息确认：有需求，有购买力，有购买意愿。

销售状态：积极热情，面对微笑。

第三，成交过程：准确了解需求，传递产品价值，敦促下单，处理异议。

第四，原因分析：

成交：可能的原因。

没有成交：可能的原因。

第五，下一步行动：寄送样品。

具体复盘方法，请参考第三章第九节"销售复盘，做好这5点你能卖得更多更贵？"

关于销冠

极度渴望，非凡努力。

# 推荐语

**何长星，原新潮传媒 COO、阿里中供铁军区域经理**

认识作者于 7 年前，看着他一步一步从新手到专家。本书的总结源自作者亲身实战，有方法、有体系，可直接作为销售内训，特别适合点对点线上沟通及面销。对于电话销售、渠道销售、商务 BD 等销售工作的同仁，这本书提供了非常棒的落地方案，希望继续突破的销售老炮尤其要读。

**徐军泰，Excel 表格学院创始人、《左手数据，右手图表》作者**

简单直接，直击要害，看完让人醍醐灌顶。这本书不同于传统的销售书籍，更贴合今天互联网时代的营销实践，实操性和指导意义更强。

**麦叔，CEO 演讲教练、全国播音主持金话筒提名奖得主**

认知、表达、销售是每个人终其一生需要面对的三件事。这本书心法和实战兼具，认真践行之后，一定会让你和团队的销售力更上一层楼。

**婉萍，行动派联合创始人、青年畅销书作家**

在实现梦想的路上，我们总是渴望获得更多贵人的帮助；成长路上，我们总是希望获得更多的机会。但不要忽略，任何时候，我们都是在销售自己！所以，销售力是人人都要学习的一门必修课。《多卖三倍》是一本让你卖得更多的实操指南。

**家瑞，"我是好讲师"大赛全国冠军、畅销书《逻辑说服力》作者**

讲师一定要有三力。第一，内容力；第二，呈现力；第三，营销力。每年我都要培养几百位讲师，发现大部分人营销力都很弱，不好意思卖自己的产品和服务。《多卖三倍》这本书可以帮助你打通销售卡点，建议每个有好产品但不好意思卖的人，都要多读几遍这本书。

**游侠，海外连续创业者、财富倍增投资顾问**

这本书有非常多的实用销售心法、思维、技巧，只要你好好学习和运用书中的技巧，一定能提升你的销售力，让你多卖三倍。

**韩老白，《高能文案》《新媒体文案写作》《给自己一小时》作者**

该书教你从害怕销售到功成名就，全部是经验之谈，在这个酒香也怕巷子深的互联网时代，销售能力已是人人都要必备的技能，拿起书，一项一项对照实战起来，一定能让你多卖三倍！

第二章

# 找对人，多找 100 个客户

# 第一节
# 如何快速获得高价值人脉

## 一、高价值人脉

一些人在熟人面前游刃有余，在陌生人面前却非常安静，甚至刻意远离人群；一些人在一对多场合侃侃而谈，面对异性却异常腼腆。关于人脉，有 3 个观点供你参考。

**1**

20% 的超级人脉，产生 80% 的商业价值。

**2**

你认识的人不是人脉，你能帮助的才是。

**3**

比连接人脉更好的方式是成为人脉。

一个朋友素宣，在29岁时交了40万元去读人大EMBA，同学里有很多年入千万甚至过亿的商界精英，他们平均年龄43岁。有些自卑的她，前半年一直躲避社交，不敢打开自己让别人连接。

半年后，她不忍心浪费金钱，痛定思痛开始走出去，和同学一起吃饭、唱K、走戈壁，通过不断展示自己的价值，结识了很多高端人脉，后面还因此获得校友的200万元天使投资。

她说人脉连接始于主动，成于价值，终于人品。

要有效拓展人脉，需要弄清楚自己要什么，同时清楚对方要什么，积极主动，为彼此搭一座桥建立连接。人脉连接分成5步：

### （一）确定目标

千里之行始于足下，高效拓展人脉首先应厘清为什么要拓展人脉，拓展人脉之后要实现什么目标，帮助你解决什么问题。

你的目标是找客户、找资源还是找合作？

比如，保险总监 A，为了扩张团队，需要邀请对保险感兴趣的人士一起加入保险事业，目前 100 人团队需要扩张到 500 人，那么他的目标就是找到 400 个人加入保险团队。

比如，微商团队长 B，为了提升业绩，需要拓展人脉，从 1000 万元业绩冲到 2000 万元业绩。那么他的目标是找到 ×× 个客户，或者能够带来潜在客户的 ×× 个意见领袖。

为什么出发？想清楚 3 个问题：

第一，我想找谁做什么事？

第二，我对他有什么价值？

第三，他同意的理由是什么？

之前有幸听到行动派联合创始人婉萍，讲述她成功邀请前星巴克日本区 CEO 岩田松雄来中国免费公开演讲的故事。她说能免费邀请到岩田松雄有两点原因：

第一，不断强调自己和学员有多需要他；

第二，保持极度的真诚。

## （二）分解目标

为了实现目标，可以从第一步到最后一步逐步分解目标，然后落实到每天要做的具体行动中。

比如，如果现在你是婉萍，要实现邀请岩田松雄来中国免费公开演讲的目标，目标分解如下：

第一步，找到岩田松雄的联系方式。

（1）搜索社交媒体账号找到本人。

（2）联系星巴克中国区管理层转介绍。

①搜索领英相关负责人。

②搜索星巴克招聘信息。

③其他渠道。

第二步，发信息给当事人。

（1）发一封肯定邀请函并跟踪回复。

（2）邀约线下面谈。

第三步，准备线下面谈资料。

（1）列出对方同意和可能拒绝的理由。

（2）写出沟通稿件。

（3）练习。

第四步，线下面谈。

（1）确定约谈时间地点。

（2）出发前一小时确认出发。

（3）到时间点确认到达。

第五步，面谈。

（1）破冰简单介绍自己。

（2）诉说自己邀请对方的理由。

（3）强调这件事的意义和价值。

如果需要实现一年拓展高端客户100人的目标，按一年50周、每周5天、转化率10%计算，分解下来一周需要增加2人，每周需要接触20位潜在高端客户，每天约接触4位。

## （三）定义角色

定义角色就是明确需要找的人是什么职业和身份，在哪个城市，通过什么方式在哪里可以找到他们。

比如保险行业增员，通过分析数据，3类人最可能做保险事业：第一，职业转型中层；第二，全职宝妈；第三，创业者。

这就是为什么很多保险团队在大公司组织架构调整时，会在楼下抢人。

### （四）主动出击

需要谁、在哪里可以找到这两点明确后就是主动出击，和二度人脉建立连接。

连接人脉常见的有下面3种途径：第一，线下圈子聚会；第二，线上社群分享；第三，熟人转介绍。

通过多点触达，快速连接你想连接的人。

### （五）破圈换层

有些高价值人脉，只能通过朋友的朋友结识，甚至要打破原有圈层，重新建立新的人脉网。

比如，投资一家创业公司，占股10%进入董事会，通过董事会扩展高价值人脉。

常见的破圈换层方式有：加入×××EMBA认识更多校友，成为×××赞助商获得广告位，成功进入合伙人核心圈层等。

连接人脉重要，维持人脉更重要，需要做到以下3点：

> **❝**
>
> 第一，自身有价值。
> 第二，让别人和你交往有面子。
> 第三，让别人和你交往可以获得利益。
>
> **❞**

## 二、用互联网连接高价值人脉

你可以尝试下面 3 个方法：

### （一）输出

在垂直领域里输出，建立个人影响力和品牌。在垂直定位方面，朋友家瑞分享了结构"金、喜、擅"。

你可以通过出书和借力平台的方式，建立和扩大影响

力，触达潜在人脉或者二度人脉。

### （二）向上投资

在力所能及的范围内，投资优质的圈子。

加入某个圈子时，不以圈子里面的人能否成为自己的客户为判断标准，而是要判断这个圈子能否发挥自己的特长。

通过人脉圈 A，结识更多人脉圈 B 的优质人脉。在圈子里付出，成为"圈红"，成为圈内人都能记住和依赖的人。

中国平安保险皇后叶云燕，刚入行时主动通过老乡会、商会、公益分享等方式打开局面，到后面她投资创业公司进入董事会，成为多家公司的股东，从而结交了更多优质人脉。

她还通过组织年度客户感恩会，帮助客户搭建人脉平台。通过真诚和口碑，获得了大量高价值人脉。

### （三）破圈融入

一个做广告设计的朋友，进入商会圈子，他做的第一件事不是自我介绍，而是主动给商会重新设计会旗。会长看到新会旗后非常满意，然后主动给他介绍了很多业务。

另外一个做演讲培训的朋友晋杭，连接人脉的方式非常简单粗暴，要么付费购买对方的产品，要么邀请对方给自己的学员做分享。

通过自立和破圈，让人看到自己的实力和人品，从而吸引高价值人脉。

关于人脉

你认识的人不是人脉，
你帮助的才是。

# 第二节
# 多渠道布局，获取 1000 名目标客户

什么是流量？流量不是电话号码，不是微信名称，流量是需要你、信任你、给你钱的人。关于流量，有 3 个重要认知：

第一，有人的地方就有流量，让人注意力停留的地方就有流量。

第二，流量有成本，比获取流量更重要的是提高转化率。

第三，建立私域流量池，让客户从一次性消费变成二次回头客。

## 建立完善产品体系

单纯地讲"引流"没有任何意义，引流是为成交做准备，

成交是为了实现商业最大化，所以引流必须结合产品和商业模式。

下面9个问题，是个人商业和规模商业都必须要面对的9个问题。

（1）关键业务。

（2）核心资源。

（3）价值主张。

（4）管道通路。

（5）客户关系。

（6）客户分类。

（7）成本结构。

（8）合作伙伴。

（9）收入来源。

以终为始思考，利润＝销售额－成本。9个问题中最重要的是问题（1）、问题（7）、问题（9），即关键业务、成本结构和收入来源。

通常情况下，业务可以分成引流品、信任品和利润品。

## （一）引流品

引流品的目的是吸引目标用户，消除抗拒心理，成为用户初步尝试并激发后续行为的引子。常见的引流品有：

（1）超市门口的试吃。

（2）打车5元优惠券。

（3）7天免费体验券。

（4）免费或1元、9.9元课程。

（5）出版的优质书籍。

（6）平价1天线下活动等。

多平台流量体系则包括以下几种：

（1）腾讯系：订阅号，服务号，企鹅号，视频号等。

（2）头条系：今日头条，抖音，西瓜视频等。

（3）微博系：微博，绿洲等。

（4）百度系：贴吧，百家号，百科，知道，文库，问答，好看视频等。

通过图文和视频，将使用者引流到微信个人号，通过视频号、公众号、朋友圈和直播让用户信任你，促使用户通过小程序购买下单，通过微信群服务用户，通过企业微信管理老客户，完成商业循环。

## （二）信任品

满足付费用户特定需求，建立信任，并持续激发用户更高级需求。常见的信任品有：

（1）包月或包年会员卡套餐。

（2）100节在线主题专栏。

（3）在线30天主题训练营。

（4）线下2天或者3天主题培训课程。

信任品核心点在于做好交付，让用户有超强的收获感，对个人和组织产生信任。

## （三）利润品

利润品是商业组织的关键业务，个人和组织能不能在激烈的市场竞争中存活下来，主要看利润品能否支撑各项开支，确保商业组织健康发展。

每个商业组织的利润品价格不一，有可能A的千元产品就是B的利润产品，也有可能A的万元产品只是B的引流产品。

个人价值最大化的 5 个产品分别是：一个引流品，一个利润品，一本畅销书，一个收费社群，一个实体店（比如一个民宿，一个咖啡馆，一个书吧，一间奶茶店，一个火锅店或者一家美容院）。

**个人价值最大化的 5 个产品**

线上结合线下，虚拟结合实体，打造完整个人商业模式。做在线引流的创业者，如果没有线下实体经营经验，而且如果线下没有线上赚钱，就会没有动力做实体。

目前我见过做得比较成功的"宛若故里"，就是在线知识付费、社群、电商、全国各地线下民宿相结合的模式，业绩轻松破千万元。

**建立信任**

让客户看到你的脸，体验到你的专业，收到你的关心！

## 第三节
## 快速增加 100 个客户的 7 种实战方法

传统的获客方式是打电话、拜访、地铁口发传单等。移动互联网时代，如何更好地找到客户？分享 7 个"子"：

### 通过 7 "子" 找更多客户

第一，要有脑子：提升认知和格局，让人愿意主动接近你，并把更多人变成商业联盟。

第二，要有里子：建立新媒体矩阵，多渠道引流，给客户提供价值，对他人有用。

第三，要有票子：花钱投广告，关键时刻出手大气，敢于出手送礼发红包。

第四，要有圈子：一个人走得快，一群人走得远，关键时刻得有人挺你。

第五，要有例子：维护老客户，让老客户说你好话，帮你做背书介绍新客户。

第六，要会耍嘴皮子：懂得在不同场合推广自己的产品和理念。

第七，要会摆弄笔杆子：通过文字建立影响力，让客户主动找上门。

## 获取客户常见的 7 种方式

### （一）投广告

在百度、谷歌、脸书、公众号、朋友圈、淘宝直通车、电梯、地铁车厢、户外等投放广告，用真金白银去找流量。

很多付费内容经常在公众号投放软文广告，用 9 元加群做 14 天体验，然后成交几百、几千元的付费产品。

### （二）做爆款

10次普通的引流，不如一次爆款内容效果好。做爆款，可以是一次性分享，也可以是在线专栏。做爆款本质就是聚集大量的人，让人来了解你和你的产品及服务。

比如，"十点读书"出品的杨萃先老师的英语学习专栏《撕掉单词语法书，颠覆你的传统英语学习》，99元12堂正课销售60万＋份；"得到"出品的薛兆丰老师的《薛兆丰的经济学课》，199元销售50万＋份。

爆款引流很有效，但做爆款需要有专业的知识，需要有商业助推，能实实在在帮助用户解决某个场景下的问题，从而实现产品购买和引流。

爆款课程策划就是做产品的过程，策划爆款课程分成5个步骤：

### 1. 确定主题，解决一个普遍存在的问题

首先定位，选择一个主题，选择一个市场上还没有被满足的需求，或者你提出比同行竞争对手更好的方案，或者提出一个更好的切入点。

根据当下市场环境、目标用户喜好、平台调性，确定

主题方向。常见受欢迎的主题有 4 种：赚钱，健康，教育
和效率提升。

## 2. 根据主题，了解用户真实痛点

一定要了解用户真实痛点，而不是在办公室闭门造车。
做朋友圈销售课程，我用了一个独特的切入点，不刷屏做
成交，满足那些想做社交销售，但不想刷屏的用户。

朋友圈销售课程《不刷屏成交术》海报

社交电商时代，朋友圈做销售的朋友有很多痛点，主要集中在3点：

第一，没有客户，不懂引流，不知道如何精准找到目标客户。

第二，不懂销售，发了广告没人点赞没人问，问了价格后客户没有下文。

第三，不懂营销，不知道如何用文案吸引他人购买。

### 3. 根据使用者痛点场景给出解决方案

根据不同场景的使用者痛点，给出一个你研究和实践有效的解决方案。

在成交、获客、谈单、文案、互动等场景，分别给出1~3个实用方法。

### 4. 包装主题，让用户一眼就明白可以获得的具体价值

话术1：×××能干什么，让用户获得×××变化。

比如，10节课激活朋友圈，让钞票源源不断。

话术2：××主题，让你如何轻松快速做到×××。

比如：涨粉，轻松找到付费目标客户。

### 5. 灰度测试，测试不同文案转化率

文案建议用故事，让用户知道作者是谁，经历了什么困难，踩了哪些坑，取得了什么结果。让大家通过文案相信，自己不用再经历作者的痛苦，跟着他就可以得到自己想要的结果。

## （三）做裂变

做裂变最核心有两点：

第一，策划一个超级有吸引力的主题。

第二，让用户愿意主动转发介绍用户。

让人转发，可以是分销利益刺激、情感身份认同（产品好，你的东西真的特别好，能够真心帮到他身边的朋友）等方式。关于如何做传播，推荐你看一本专业研究传播的书——《疯传》。

## （四）招代理

通过招代理的方式，把好的产品通过全国各地线上线下管道，推荐给更多消费者。之前一位营销负责人分享她一年做到10个亿的故事，核心只有3件事：

发朋友圈：分享生活、观点、前后改变的故事、成交的见证。

社群互动：加入仪式感，建立情感联结，让用户有了共同的话题。

招商分享会：讲产品，讲文化，讲未来，讲用户改变的故事，和用户建立深度信任。

3件简单的事情，公司员工、代理商、群主重复做，不同的人做出来的结果是不一样的真实和信任。

> **66**
>
> **复杂做不过简单，虚伪做不过真诚。**
>
> **99**

一年做到10个亿，让大家惊讶的居然只有3件事。在获取流量上，复杂做不过简单，虚伪做不过真诚。相信积累的力量，简单有用的事情重复做，一定会有大结果。

### （五）打造个人影响力

打造个人影响力，让客户主动找上门。在知乎、小红书、头条、微博、抖音、微信视频号输出，首先做到有人看，有价值，让潜在用户主动靠近你。

研究平台的规则，输出平台倡导的、对使用者有用的内容，就能获取使用者关注。

**策划爆款的4种常见选题：**

下面4种选题供你参考：

第一，个人故事逆袭，比如：起点低、过程苦、结果好。

第二，生活反常识，比如：关于加薪，你知道的都错了。

第三，人生低谷故事，比如：创业失败、和老婆离婚等。

第四，人间真情，比如：我的父亲和母亲相濡以沫的故事。

## （六）混社群

物以类聚，人以群分，通过加入社群，通过输出，和群主建立关系，吸引更多潜在客户。

社群是领地文化，想要在社群里被看见，被关注，在社群常做3件事：

第一，表扬群主，做社群明星用户，多感恩和赞扬群主给你带来的改变和结果。

第二，配合群主，做群主倡导的事，维护社群价值观和文化。

第三，帮助群友，多多付出，做利他的事，为群友提供便捷和福利。

### 个人在社群常做 3 件事情

混社群就是做人，具体来说有 3 个建议：

第一，宣传群主的产品，用实际行动支持群主。

第二，整理群主分享的笔记，用实际行动配合群主。

第三，多在群里发红包，用实际行动活跃群友。

用实际行动给社群成员提供有用的实际价值，可以是每日复盘听课笔记或者分享一份有价值的礼物。

针对社群成员背景，做一个大家最感兴趣、对大家最有用的主题分享。

### 1. 准备分享主题

分享之前先做调查，调查大家最喜欢什么、痛点是什么、忌讳是什么、最需要什么、疑虑什么，用产品经理的思路去策划分享。

常见分享主题：多、快、好、省。

·多：让人赚钱多。比如：首席增长官进化营，如何花 1 元赚 10 元？

·快：远离痛苦快。比如：团队组织建设，合伙人如何分钱才不会闹掰？

·好：提供好品质生活。比如：茶艺入门，一小时让你从喝茶到懂茶。

·省：省时间省钱省精力。比如：学习衣橱整理，这个夏天少买 10 件衣服。

如果不是"多、快、好、省"的主题，那么可以分享自己践行的实际案例，给对方提供价值。

## 2. 分享主题的结构

（1）结果好。

用了多少时间，拿到了什么样的结果，帮助了多少人拿到结果？

（2）过程苦。

为了得到这个结果，你花了多少钱，研究了多久，熬了多少夜，请教了多少人，做了多少次试验，踩过哪些坑，经历过什么失败？

（3）有方法。

通过自己的实践和研究，你找到了"多、快、好、省"的方法，化繁为简，总结起来就3点。

比如，一个人要做社交销售，目标是多找100个客户，多赚100万元，分成3步。

第一步，产品：自己做一个使用者需要的解决刚需的产品。

第二步，引流：不断输出内容（写作，视频，社群，分享）去吸引潜在客户。

第三步，成交：学会倾听对方真实需求，真心帮客户解决问题。

有产品，有客户，懂成交，加入一个优质的圈子，上面有人拉，中间有人帮，下面有人顶。

（4）送福利。

主题分享结束之后，结尾送用户一个福利，可以是一本有价值的电子书、一个体验营名额、一份实体礼物。通过限时限量的方式送出去。

## （七）参加聚会

在线聊千遍，不如线下见一面。线下聊什么，不是聊八卦，聊工作，吐槽骂老板；而是聊合作，聊资源，聊机会。

做线下活动，有3个建议：

第一，尽量参加有门槛的小范围活动，参加自己能发言的活动。

第二，提前了解参与活动的人员的背景，提前规划发言内容。

第三，准备一份有吸引力的自我介绍：我是谁，现在在干什么，做出过什么成果，拥有什么资源，想联结什么样的人。

上面分享的 7 种获取流量的方法，各有优势和劣势，你可以选择最适合自己和公司的模式，如表 2-1。

表 2-1　7 种获取流量的方法

| 引流方式 | 优势 | 劣势 | 引流建议 |
|---|---|---|---|
| 投广告 | 流量精准 | 获客成本高 | 提升转化率，控制投产比 |
| 做爆款 | 辐射面广 | 难联系推方资源 | 洞察需求，先打爆 1 个平台 |
| 做裂变 | 裂变增速快 | 容易被平台封杀 | 提前准备封杀技术方案 |
| 招代理 | 稳定流量渠道 | 代理商能力不一 | 建立完善培训和激励机制 |
| 打造个人影响力 | 门槛低易上手 | 持续稳定输出难 | 多平台分发，团队化操作 |
| 混社群 | 见效快 | 效率低 | 深度参与高质量社群 |
| 参加聚会 | 见效快 | 成本高 | 筛选并拒绝无效社交 |

## 小结

　　获客技巧还有很多，少听多做，多实践，控制成本。看到、学到、用到、赚到才是真正的得到。

拿到结果

# 简单有用的事情重复做！

# 第四节
## 朋友圈展示，如何快速建立信任

信任一个人或者一家公司，你会感到踏实和放心，相信这个人和这家公司会说到做到，会把你的利益放在心上。如果客户不相信你会履行承诺，也不相信产品如宣传的那样安全有效，那么他就不会下单购买。

如果对方了解你的背景和情况，考虑到你的利益，做到他们说要做到的事，那么你就会信任对方。

在微信平台上做销售，重要的是让对方体会到观赏价值、情绪价值和实用价值，让客户快速信任你。

### 一、展示真实身份

展示真实身份，有3件事可以做：

第一，换头像。

第二，加履历。

第三，完善朋友圈头图。

### （一）换头像

花钱去照相馆拍一张专业的正面、露脸、凸显你精神面貌的照片，以微笑、阳光、真实、自然、不做作为佳。放弃卡通照、风景图、动物和小朋友照片。

如果是企业微信，把头像改成品牌标志；如果是分店，建议名字备注分店名，比如：热风 – 深圳壹方城店。

### （二）加履历

个人微信展示真实面貌，展示出真实职场身份，在领英注册账号，并完善自己的工作履历。

### （三）完善朋友圈头图

朋友圈头图自我介绍格式多种多样，重点介绍自己的名字、身份、背景经历，加入数据让对方感受到价值，让对方粗略明白你能够帮他做的事情。

我是谁？

人在哪里？

现在做什么的？

过去做过什么事情？

将来和你有什么关系？

你可以用名字＋故事＋数字的方式呈现，举例：

三段式自我介绍：

有一个学员小鸦，在银行从业了 20 年，之前付费学习了很多内容，包括教练、亲子教育、目标管理等，最后结合自己的优势，定位成房产财商教练。和她聊完之后，我协助她打磨的自我介绍如下：

涂小鸦，房产财商教练，20 年银行从业经历，依靠三线城市工作收入购买 3 套市值共 1000 万元的房产。

我能帮助你实现首套刚需落地买房，通过房产配置多买一套房。

## 二、朋友圈内容输出

微信朋友圈内容输出，你可以分享下面 4 种：

干货
专业知识　　　观点
社交话题　　　好评
客户案例　　　成交
付款截图

第一，干货：分享专业知识，让人觉得你很专业，让人相信他的问题你能够帮助他解决。

第二，观点：分享热点话题和观点，让人觉得你平易近人，有亲和力。

第三，好评：分享客户好评和反馈，让人相信你的产品和服务有效果。

第四，成交：分享成交截图，让人相信你的产品和服务很受欢迎。

> **66**
>
> **好的朋友圈全是人，**
> **差的朋友圈全是货。**
>
> **99**

好的朋友圈全是人，差的朋友圈全是货。通过内容输出，把自己打造成专家。做美妆，就把自己打造成一个护肤专家；做服装，就把自己打造成一个设计师或者穿搭达人。

不仅在朋友圈，在人们看得见的地方持续输出成功案例，不断强调两点：

第一，我很牛，并告诉你我是怎么做到的。

第二，我的客户很牛，发生了从 ××× 到 ××× 的变化，他给我的好评。

一个成功案例可以带来另外一个新客户。一个朋友做企业服务，拿下华润的单分享出去之后，又通过华润这个成功案例拿下了另外一个客户（水利局）的新媒体服务合作。

如果你现在还没有成功案例，可以做 3 件事：

第一，持续钻研一件事，提高自己的专业能力。

第二，为有需求的客户提供免费服务打开市场。

第三，邀请身边有资源的朋友，为其提供试用服务。

在能被看见的地方输出，通过输出和碎片化互动，让别人在朋友圈知道"你很忙，但很好；你很强，且有用"，让潜在客户觉得你是一个有实力并且很靠谱的人。

先做朋友后做生意，用利他的心态分享自己见过的人、看过的书、做过的事、花过的钱、熬过的夜、流过的泪、踩过的坑。

> **"**
> **见过的人，看过的书，做过的事，**
> **花过的钱，熬过的夜，流过的泪，**
> **踩过的坑。**
> **"**

### 三、参加行业论坛

展示你所属的行业论坛，比如新媒体、供应链、好讲师大赛、超级演说家等，借力公众平台，提升你的信任度。

### 四、借力权威背书

借助标杆客户、明星、行业领袖等展示产品品质和个人实力，提升你的信任度。

比如，你是一名理财顾问，你可以展示你和《富爸爸，穷爸爸》作者罗伯特·清崎，甚至和巴菲特的合影。

如果你是企业端销售，展示公司产品被某个大机构使用。

如果你是个人做用户端销售，展示你被某大咖好评。

## 五、做真实的自己

展示真实的自己，适当分享自己的生活，让人觉得你是一个活生生的人。（如展示结婚、小孩周岁甚至加薪等温情时刻。）

比如：持续输出复盘或读书笔记，标注 ×××/300，×××/1000，让人知道你是一个做事认真靠谱的人。

做好事送福利，分享并号召大家做公益，让人知道你很强，但很好，且有爱。

比如：送闲置不看的书，送小孩长大之后不用的儿童餐椅，送有价值的课程等。

朋友圈

让人知道你很忙，
你很强且有爱！

# 第五节
## 主动加客户，什么话术通过率更高

销售人员为了更好地触达潜在客户，拿到电话名单后通常会添加微信。参加聚会，参加社群，为了更好交换资源，社群成员通常会相互添加微信。怎么写申请，客户更愿意通过，通过率才更高呢？

### 一、常见的错误方式

在触达和连接过程中，常见的错误方式有下面3种：

第一，用系统默认申请语一键添加，让人感觉不到真诚。比如：我是 ×××。

第二，用过于自我的表达，让人感受不到价值。比如：感恩，通过感恩连接。

第三，用利益诱惑或胁迫的方式，让人不舒服。比如：通过发大财。

让一个陌生人进入自己的世界，需要创建信任和安全感。

## 二、更好的连接方式

把对方当成一位优秀的、忙碌的、有权的、有钱的、有态度的，而且最近对方还有可能心情有点小不爽的人。

### （一）表明身份

呈现自己的名字、职业和公司。比如：你好，我是××资本的 HR ××。

甚至你在添加对方的时候，你可以说，贵公司客户。

### （二）表明来意

让人知道你的动机，加他要做什么事。比如：刚刚在群里看到你有演讲方面的困惑，我有一份资料分享给你。

申请中通过加入数字、头衔和资源，表明自己的动机。比如：×××公司 CEO，全平台 300 万粉丝，期待下一步合作。

### （三）表达欣赏

在申请语中加入先生、老师、小姐姐等词语，表达自己的欣赏或喜爱。

比如：在群里看到 ×× 老师的分享，很受启发，想近距离学习。

### （四）加入中间人

加入对方熟悉或信任的人，获得对方的认可。比如：×× 老师推荐，希望向你近距离学习。

## 三、什么申请话术通过率更高

客户是否通过你取决于客户，而不取决于你。你能做的事情，是尽可能换位思考做到下面3点：

第一，了解对方需求。

第二，呈现潜在价值。

第三，说人话。

关于第三点说人话，如何检验自己是在说人话呢？有3点可以去检验：

第一，换位思考，假设自己是对方，自己是否愿意通过。

第二，大声朗读出来，检查是否拗口或者表达不通顺。

第三，把内容删除一半，然后重新修改一次。

提醒：比主动添加客户更好的方式，是让客户主动添加你。

关于拒绝

没有伤痕累累，
哪来皮糙肉厚！

## 第六节
## 建立第一印象，加客户微信之后怎么聊

### 一、加微信后常犯的 3 种错误

人和人之间，建立第一印象非常重要。很多人在加完微信之后，常犯 3 种错误。

### （一）不说话

不说话，什么也不说，把潜在客户晾着，等待别人主动打招呼，等待朋友圈偶遇点赞评论互动，或者企业通过优惠券送福利之后，把客户晾在一边。

几个月之后，引流来的潜在客户发现和你没有对话，没有在同一个微信群，没有共同话题和交集，没有见过面，没有吃过饭，没有情感交集，没有实用价值，潜在客户会将你删除或者拉黑。

### （二）推销自己

潜在客户来了之后，马上发一段（满屏）很长很牛的个人介绍，第一时间推销（炫耀）自己（公司），生怕别人不知道自己（公司）有多厉害。

用户的内心潜台词可能是：哇，你好厉害，但和我没有半毛钱关系……或者一个鄙夷的眼神，嘴里嘟嘟囔囔，发出一声"切"……

### （三）推销产品

推销产品，用大促销、最后一天等营销词语，急迫地想要用户购买或者参与。

流量来得太容易就不会珍惜。如果获取一个用户的成本是100元甚至1000元，销售就会愿意照顾对方的感受，了解对方的需求，做出有针对性有竞争力的方案，提供良好的服务。

## 二、建立第一印象

### （一）招呼建立关系

当客户主动联系你时，1~3分钟之内招呼对方，让对方觉得安全，有人会来服务他。

推荐话术如表2-2。

表2-2 推荐话术

| 建立关系 | 参考内容 |
|---|---|
| 打招呼 | 上午好…… |
| 表明身份 | 你好你好，很高兴为你服务，我是××机构××工号×××。 |

如果不是卖产品，可以简单寒暄闲聊之后自报家门，展示出自己的自我介绍，同时邀请对方提供自我介绍。

推荐话术：

幸会幸会，原来你也在深圳呀，这个是我的自我介绍，请问你是做××业务的吗？

## （二）问答赞互动挖掘需求

通过问答赞的方式，了解对方的需求，问姓名，问职位，问一个既定的事实，做到与对方有关，然后在随后的回答中了解对方的需求。

比如：

问：你是从百度找到我们的吗？

答：是的。

赞：太棒了，我们花了大力气终于找到你了。

问：你现在是要美白还是护肤呢？

答：我现在脸上有一些痘痘……不知道怎么消。

赞：你太明智了，谢谢你选择×××，我们祛痘专家，专门从事护肤××年了……

问：方便发一张照片过来吗？我让护肤专家给你诊断一下……

## （三）打标签做备注

潜在客户来了之后，先通过寒暄挖掘客户需求，然后根据需求、购买力和购买意愿，结合自身的业务类型，判断客户属于 ABC 哪一类使用者，做好备注，如表 2-3。

表 2-3 区分客户类型

|  | 需求强烈 | 购买能力强 | 购买意愿高 |
|---|---|---|---|
| A 类客户 | V | V | V |
| B 类客户 | V | V |  |
| C 类客户 | V |  | V |

推荐备注方法：

客户类型＋昵称＋需求＋添加时间，最后用户名字显示就变成，A＋××＋祛痘＋200617。

客户运营

对我好的人更好！

# 第七节
# 用户分层，用 ABC 管理 20% 的优质客户

当新用户进来之后，需要快速做三个判断：

第一，他是不是潜在客户？

第二，他是不是优质客户？

第三，他是不是有强烈的购买意愿？

按照需求强烈程度、购买能力和购买意愿度，将客户分成 ABC 三类，如前表 2-3。

A 类客户：需求强、购买力强和购买意愿高，需要销售人员用超级 VIP 待遇对待他们。

B 类客户：需求强、购买力强，但因为种种原因，有很多顾虑，立马付钱的意愿不强，需要销售人员积极跟进服务。

C 类客户：有需求、有购买意愿但购买力不够，需要

销售人员提供物美价廉的方案，视情况是否放弃。

识别出客户类型，判断是立即成交还是后续跟进。

## 跟踪目标客户

如何跟踪客户，每个销售有自己的方法，比具体管理方法更重要的是，你必须要开始动手区分并管理。

不跟踪管理客户，会面临两个困境：

第一，工作没有重点，盲目开发新客户，看似忙碌但是最终没有业绩。

第二，因为缺乏及时跟进，潜在客户最终购买其他产品而造成客户流失。

在跟踪客户的过程中，有几个数据非常重要，需要特别关注，分别是：客户类别、意向产品、核心需求、沟通记录以及下一步行动，如表2-4。

表2-4 记录管理

| 客户名字 | 类别 | 职位 | 城市 | 意向产品 | 核心需求 | 沟通记录 | 下一步行动 |
|---|---|---|---|---|---|---|---|
| 01 | A | ××× | ××× | 01 | ××× | ××× | ××时间拜访 |
| 02 | B | ××× | ××× | 01 | ××× | ××× | ××时间电话 |
| 03 | C | ××× | ××× | 02 | ××× | ××× | 放弃 |

当客户越来越多时，建议分级管理，按照业绩贡献量分成4类：铁杆客户、稳定客户、游离客户和试用客户。

铁杆客户：销售额贡献前10或前100的客户。

稳定客户：持续购买，复购3次以上的客户。

游离客户：产生过一次交易，使用不同产品的客户。

试用客户：咨询试用过，未成交的客户。

销售要做的工作，就是把用户变成客户，把潜在客户变成稳定客户，把稳定客户变成铁杆客户。最终，让20%的客户，产生80%的利润。

用户分层

20% 的客户,
产生 80% 的利润。

## 第八节
## 案例：保险人如何吸引优秀的人加入团队

保险行业常规的增员方法是一对一影响、招聘面试、做线下说明会等。

从事金融保险13年的王璐，坐标成都，她连续8年达成MDRT，连续9年达成IDA国际龙奖。

2020年疫情期间，她团队人员逆势增加一倍。让我特别惊讶的是她的行动力和敏锐的思考力。目前，她的团队有200人，计划招募到1000人，采用20×50的方式管理（带领20个团队长，每个团队50人）。

目前，她团队的核心骨干有前职业经理人、记者和保险同行等，有数位MDRT。关于增员她有3点经验：

第一，筛选有成果的将才。

兵不在多而在精，将不在勇而在智。在选人上，她会用不同问题来验证一个人的能力。比如，你一年年薪多少（在成都，她更愿意和年薪 20 万元以上的职业经理人合作）。

有成果的人，在人脉、资源、情商、逆商、沟通能力等方面一定不会差，只要他们认准一个行业深耕下去，一定会取得更大成果。

刚到成都的时候，她只认识 8 个人，现在她有 1125 位客户。刚入行时，她一天打 80 个陌生拜访电话，为了转正，她动用身边所有资源去努力。现在，她更愿意复制榜样，通过影响有能力的少数将才，去影响和造福更多人。

第二，挑选主动学习的人。

挑选一个 80 分的人，让对方主动成长成 90 分，比培养一个 60 分的人到 90 分更容易。所以，作为主管的她，更愿意挑选那些有主动学习习惯的人。

她会用一些问题侧面了解一个人的视野和接受新鲜事物的意愿。比如她会问，你过去一个月读过什么有意思的书，你对小米改图标怎么看等问题。

第三，接触精准人群。

疫情期间，她发现旅游、航空、汽车销售和酒店等行业受到了很大冲击，然后她迅速行动，通过腾讯会议、小鹅通等工具让团队线上办公，然后通过线上说明会纳新。

针对不同的人群，针对他的需求和痛点，呈现保险优势，吸引并说服他加入，如表2–5。

表2–5 区分客户类型举例

| 业务能手 | 年龄 | 前职业 | 核心需求 | 成交客户关系 |
| --- | --- | --- | --- | --- |
| A | 33 | 全职妈妈 | 寻求收入管道 | 家人和朋友 |
| B | 35 | 前高管 | 职业转型 | 客户、朋友和同事 |
| C | 35 | 创业者 | 更轻松的赚钱赛道 | 付费筛选的粉丝 |

## 一、保险人需要第二身份

保险代理人在利用互联网拓客时，需要弱化自己保险代理人的身份，消除用户抗拒心理，用用户最需要、自己最擅长的身份和对方连接，先做朋友后做生意，和对方建立信任。

我的一个学员贾宁生，之前做公务员，转型做保险之后，学习了很多软技能、职业规划、教练技术等。后面和他交流沟通后，我建议他用理财规划师和五维教练认证顾问的第二身份作为联结点。

用第二身份接触时，做到对方愿意听、愿意聊、愿意接近，先做朋友后做生意。

相互熟悉建立起信任关系之后，你可以介绍主编的朋友给做房地产的朋友认识，介绍开养生会所做推拿的朋友给客户认识，做好中间的资源连接器。

吸引激励优秀的人加入团队，团队长要不断提升影响力，让成员更愿意跟随。

## 二、提升影响力

传统常规的增员是邀请朋友、亲戚、同学、邻居、准主顾、现有客户、过去同事、消费对象等，或者采取广告、面试等形式。

互联网增员是通过优质内容建立个人影响力，跨界参加高峰论坛，吸引潜在客户、同行和粉丝，通过线上线下沙龙、说明会纳新增员。

相比传统增员，个人品牌增员强调个人影响力，通过个人魅力，吸引同频精准目标客户，在说服对方加入保险行业之前，前置信任，让对方觉得自己是一个值得信任跟随的人。

## 三、提升个人影响力的 3 种方式

### （一）做付费专栏

2018 年，我参加学习了一个付费专栏，里面有讲保险代理人如何做朋友圈营销，399 元一期，一二三期共计 4000 多人参加。

其中有大量平安、太平、人寿等公司的保险代理人。专栏通过教授有结果的保险营销方法论，产生信任，让对方觉得加入团队会拿到更大的业绩。

除了上述专栏之外，还有另外一位保险领域意见领袖通过付费内容，吸引 2200 + 收费用户，为保险代理人和购买保险的客户提供精准垂直内容，为增员打好基础。

### （二）做视频号

保险人做内容，可以从个人故事、客户、投资、思维认知和行业知识等方面去策划。热点选题推荐：

（1）一个"深漂"女孩的 10 年。

（2）如何和比你厉害的人交往？

（3）保险到底是不是骗人的？常见的 6 种偏见。

通过呈现有谈资的话题，让人有参与感，从而点赞传播。

### （三）多渠道输出

通过微博、知乎、小红书、公众号等平台输出优质内容，吸引更多潜在客户。

根据不同平台属性，做不同的选题。

专业选题：

（1）保险人常见的拒赔案例分析。

（2）"十四五"规划中的保险重点关键词解读。

（3）"一夜暴富"的浮躁心态，正在摧毁我们的投资价值观。

有前瞻性的领导懂得积累线上影响力，通过公域免费内容建立个人品牌，通过付费内容筛选潜在目标客户，同时愿意把自己拓展的新客户分给同事，实实在在地维护团队成员利益。

第三章

# 说对话，让客户爽快下单

# 第一节
# 黄金三角，让客户爽快下单的 3 个关键词

## 一、成交黄金三角

销售成交很大程度上取决于客户，而不在于自己和销售技巧。

我们能做的就是把产品做好，把服务做好，然后找到更多有购买需求、购买能力和购买意愿的 A 类优质客户，然后把价值传递到位。

当你找到潜在客户之后，成交要围绕着 3 个为什么。

第一，客户为什么要购买？

第二，客户为什么要向你购买？

第三，客户为什么现在就要花钱？

第一个问题，客户为什么要购买？你需要挖掘客户需

求和真实存在的问题。

第二个问题，客户为什么要向你购买？你需要建立融洽关系，呈现差异化价值。

第三个问题，客户为什么现在要花钱？你需要呈现收益和损失，消除顾虑。

需求、价值和顾虑，我把它叫作成交黄金三角，如图3-1。在需求不清楚的时候，一定要耐心听对方的痛点、问题和麻烦。在传递价值时，要给对方最想要的方案。最后客户不购买，一定有他自己的顾虑，可能是不相信，可能是钱不够，也可能是现在不适合。

图3-1　黄金三角

牢记黄金三角：需求、价值和顾虑。

需求：客户想要什么？

价值：我给了他什么？

顾虑：他有什么担忧？

用3句话呈现产品价值：

是啥？有啥用？多少钱？

日常生活中我们可以看到很多广告、海报，从这些宣传语中，我们可以快速了解到产品价值。

比如，王老吉，"怕上火喝王老吉"。用"是啥，有啥用，多少钱"给北方的朋友介绍王老吉，你可能会说，这是一种饮料，它能预防上火，3.50元一罐。

当我们在讲产品价值的时候，要用顾客听得懂的话，要快速讲清楚这个产品的功能以及差异化。

比如，海飞丝，"头屑去无踪，秀发更出众。"用"这是啥，有啥用，多少钱"介绍海飞丝，你可能会说，这是一种洗发水，它能去屑，最便宜的有十几元一瓶。

假设你在卖一双防臭袜，你会怎么介绍？"清爽透气，舒适，干爽"吗？

用三句话你可以讲：

这是啥：这不是一双普通的袜子，是旅行用的，全棉袜。

有啥用：七天不洗袜子，不臭脚，出差一周只需要带一双袜子。

多少钱：不贵，15元一双，4双53.80元。

## 二、FABE 呈现价值

三流的销售讲特点，二流的销售讲优点，一流的销售讲利益点。

> **一流的销售讲利益点，**
> **二流的销售讲优点，**
> **三流的销售讲特点。**

用 FABE 的方式向客户描述产品价值。F 代表特征（Features），A 代表优点（Advantages），B 代表利益（Benefits），E 代表证据（Evidence）。节约用户时间，快速让用户明白产品和服务的价值。

比如，你介绍一件衬衫，一种是一般销售用语，一种是 FABE 用语，如表 3-1。

表 3-1 FABE 用语举例

| 一般销售用语 | FABE 用语 |
|---|---|
| 这款衬衫是纯棉的 | 这款衬衫面料是 100% 纯棉，很容易吸汗，夏天穿能保持皮肤干爽，特别舒适 |
| 这款沙发是欧洲进口真皮沙发 | 这款沙发是欧洲进口真皮沙发，它非常柔软，坐上去特别舒服，能缓解你一天的疲劳 |

"你好，这件衣服是丝质的，特别透气，夏天穿特别清爽。这件衣服特别畅销，今天上午卖出了 30 件，现在还剩 10 件！"

"这件衣服是丝质的"是特征；"特别透气"是产品的功能和优点；"夏天穿特别清爽"是产品给客户带去的好处；"今天上午卖出了 30 件，现在还剩 10 件！"是证明产品好的证据。

在为客户介绍产品时，不要机械地按照 FABE 方式介绍，灵活运用，变换沟通方式，讲出客户能得到的利益点和好处。

为了让客户愿意听、听得懂，F-A-B 可以改成 B-A-F，最后才讲 E。

## 三、设计产品转介绍话术

之前我花 4600 元参加了一个商会组织，在我入会的时候，商会代表到我办公室访谈，拿出一张纸，问了我一连串的问题。

· 你的产品是什么？

· 你的潜在客户目标画像是什么？

· 当我听到什么样的关键词代表客户有需求？

· 为你转介绍客户时我应该用哪一句话去介绍你的产品？

· 当身边潜在客户有疑问时我可以立马联系谁？

· 什么样的情况下我不适合介绍身边的客户给你？

比如，你开理发店，上面的问题想清楚，对方可以这样介绍你。

我的朋友 ××，在 ××× 地方开了一家理发店，只理发不按摩，30 元一次，推荐你去体验，发型师手艺不错。

### 小行动

尝试用"是啥，有啥用，多少钱"来描述一下你的产品或服务。

**关于成交**

低端产品拼价格、
中端产品卖身份、
奢侈品牌卖文化。

扫描二维码，关注"天江电商店"
输入关键字"购买"
获取客户购买路线图

## 第二节
## 促单技巧，让客户立马下单的 3 个技巧

销售要达成成交，要解决 3 个问题：

第一，为什么要买？

第二，为什么要找你买？

第三，为什么要现在买？

为什么要买：有需求。

为什么找你买：专业，懂我，态度好。

为什么现在买：有福利，不买亏大了等。

有购买需求，有购买能力，有购买意愿，怎么让客户迈出最后一步？核心方法是让客户赚到，让客户 200% 赚到，客户赚到你才能赚到。推荐 3 种方法。

### 一、提供超值赠品

人天然有占便宜的心态，消费者在购买产品时内心会

算账：划不划算，值不值。

网购 199 元 10 片牛排，但家里没有刀、叉子，没有黑胡椒，专门跑一趟去超市购买嫌麻烦，所以聪明的商家会通过买一送多的方式，一站式解决客户的痛苦。

举例："十点读书"单门销售 6000 万元的英语课，采用的也是提供超值赠品的方法。

12 堂视频课 +13 堂音频辅导课，随时观看和收听。还针对不同用户群体，赠送精心选择的大礼包。

针对职场女性，送职场情商课，让英语和情商结合，提升职场能力。

针对宝妈，送 10 节 0~6 岁宝宝故事课，提供小孩的英文听力课。

针对小学生、初高中学生，分别针对性地送额外福利。

类似的策略还有第二份半价，如买牙膏送杯子，加一元换购商品。让用户感觉买到就是赚到，不买就是损失。

## 二、不满意无理由退款

效果保证、零风险承诺、7 天不满意退款等让用户觉得安心，即便不满意，后面还有机会把钱拿回来。

比零风险承诺更进一步的还有负风险承诺，商家提前给用户试吃、试用让对方先享受福利，寄送礼物，不满意商品或者服务可以无理由退款，提前享受的福利不用扣费。

零风险承诺、负风险承诺和信用机制结合起来，是非常好的商业模式。比如，在支付宝上租电子产品，芝麻信用 650 分以上，0 押金租机，每天支付几十元，自动扣花呗，一年后加一元换机。如果用户不还，降低芝麻信用分数。

## 三、限时限量限定身份

很简单却很有效的一招，消费者潜意识认为商家会敦促他购买，会希望他立马掏钱，这个时候商家反其道而行之，告诉用户，限时限量限定身份，机会难得过时不候。

经济学家卡尼曼（Kahneman）和特沃斯基（Tversky）研究发现损失厌恶指的是人们面对同样数量的收益和损失时，认为损失更加令他们难以忍受。同量的损失带来的负效用为同量收益带来的正效用的 2.5 倍。

所以在换季或者过节时，电商会采用 2 件 8 折 3 件 6 折的策略，让消费者觉得买一件亏本，更倾向于买 3 件。

### 1. 限时

特价 799 元，优惠截至 7 月 31 日，8 月 1 日恢复原价999 元。

### 2. 限量

500 盒特价产品派完即止，前 100 名预订的顾客送额外礼品一份。

### 3. 限定身份

本优惠仅限教师和在校大学生。

举例："华与华"线下三天两夜的课程 9.9 万元，限量 40 位，仅限公司管理层、市场（品牌和销售）总监、广告专业人士，大专院校特定教师限 6 个免费名额。

关于下单

没有截图就没有发生，没有好评就没有效果。

# 第三节
# 消除抗拒，客户说考虑一下该如何回复

为什么买？为什么向你买？为什么现在买？很多时候，用户不会立马下单付钱，他内心有很多疑惑和异议，比如：

价值异议：不知道产品能给自己带来什么。

价格异议：太贵了，想要优惠。

时间异议：现在不想下单，希望再等等。

竞品异议：产品功能不满足需求，想看看有没有其他更合适的产品。

线上销售，客户常见的异议通常会出现 5 种反应：担心效果、太贵了、没时间、考虑一下、不说话。其中，不说话、考虑一下和太贵了是比较常见的异议，推荐 3 种应对方式。

## 一、不说话

电话沟通，客户沉默，不说话；文字沟通，客户一直沉默，发很多条信息，不回复。

当用户沉默，不说话，背后可能是不感兴趣、不方便等各种原因。推荐下面 3 种处理方式，让对方愿意开口聊。

第一，拉家常，破冰建立关系：你好，×××，吃晚饭了吗？

第二，聊过去，聊过去聊过的话题：对了，你之前聊到 ×××（给父母买项链），××× 问题解决了吗？

第三，多赞美，特别是线上交流，要从聊天记录、朋友圈动态中了解对方的信息，多赞美对方。

比如，一个线上课程布置课后作业，一个助教发信息催我做作业，可惜我一直比较忙，没空回复她，然后她发了一大段信息给我。

"亲爱的，咱们的训练营马上就要结束了，感觉我们刚刚建营，马上就要结营，虽然我们交流不多，但是从朋友圈能看出来你是一个非常自律、目标非常明确的人，而且也非常成功，宝宝很可爱。

"就像你朋友圈说的那样，当你决定要出发的时候，最困难的那部分其实已经完成了。我们已经开始了训练营的学习，最困难的部分已经完成了，剩下的一次作业我们一起完成好吗？

"今天第五单元创业板块，我们一起为训练营画上圆满的句号可好？"

然后，我被她的真诚打动，立马回复她并去认真听课做作业。

如果上面的方法不管用，推荐下面3种话术：

第一，真诚关心，打招呼，问最近发生了什么事。

第二，好奇质问，打个问号。

第三，反向激将，别装着没看见，在不在回个话啊？！

## 二、考虑一下

客户用"我还要再考虑考虑"来回答你。

有的人可能会说："好的，那我这边就先不打扰您了，您后续有任何问题或者需要都可以随时联系我。"

一味顺从客户，并不会得到客户的尊重和认可。这样回复可能有两个原因：一是害怕给客户留下不好的印象而失去单子；二是缺乏勇气和方法。

应对客户"考虑一下"的说辞，推荐下面3种应对方法。

### 1. Yes And

当客户说"我再考虑一下"，你可以用 Yes And 话术，你可以说：

是的，的确需要考虑一下（Yes），产品也不是几十元买来用得不好就可以扔，毕竟咱们还是要考虑效果。

所以（And），我能不能了解一下，你现在考虑的具体是什么？是担心效果吗，还是其他原因？

假设对方说担心效果不像广告宣传的那么好，你可以再用 Yes And 的方法继续回应：

理解理解（Yes），买回来没效果不仅浪费钱，关键还浪费时间，之前也有客户有过这样的顾虑，后面我说"你先买回来用，如果没有帮到你，你把产品寄回来，快递费我来出"。

我们对产品质量非常有信心，这样吧（And），你买回来14天之内觉得没有效果，我无条件给你退款。

Yes 是先肯定对方、认可对方，然后再用 And，顺着对方的意思表达自己的诉求和观点。

### 2. 勇敢说出真实想法

找到不能下单的原因，向前迈出一步，勇敢说出自己的真实想法，用真心换真心。

"朱总，你看今天我们也聊得挺好，产品比竞品有优势，你也认可价值，价格方面你也能接受，你还有什么好犹豫的呢？你平时也比较忙，万一你一忙把这事忘记就麻烦了。再说，下次我也不一定能约到你，要不今天我们就把这件事定下来，然后我就立马开始寄货，叫上服务团队过来调试。"

或者你可以这样说：

"朱总，你今天来了解我们的产品，想必之前也了解过其他产品，贵公司一定是需要，不然你也不会花宝贵的时间。既然来了，我们就开诚布公聊一聊，看看贵司的需求和顾虑，一起解决问题，这样也是对公司利益负责。"

### 3. 反向激将探出顾虑

客户始终不下单，你可以尝试反向激将对方，试探出对方的顾虑。

×××，你这是在拒绝我吗？！产品真的不错，在研发的时候，我们调查研究了很多竞品，又充分考虑到客户需求，我想知道，你考虑的具体是什么？价格还是售后服务？还是觉得我们牌子不够响？

　　我想了解一下，这样我回去也好和老板有个交代，不然他会责备我没有服务好你这个 VIP 客户。

　　通过上述话术，弄清楚客户是在拒绝你还是真的在考虑，在考虑什么？还要考虑多久？谁可以决定？

## 三、太贵了

　　当客户说太贵了，千万不要放弃，能够谈到价格的客户，说明有需求有购买意愿，客户说贵，但他并没有说不买，这个时候你需要给他一个充足的下单理由。

### 1. 帮用户算账

　　把价格分解，平摊到每月每天，让用户感觉很便宜。

　　比如：看起来是有点贵，其实算一下，平均下来一个月 100 元。

### 2. 痛点刺激需求

　　帮用户重新梳理价值，并刺激消费需求。

　　比如：比同行贵是贵了一点，不过我们的产品是真有效果，大牌品质有保证，想必你也不想用到劣质产品。

### 3. 以退为进

侧面打探用户预算，推荐符合他预算的产品。

比如：这款产品是我们的高端豪华版，还有入门款和旗舰款，价格分别是1000元和3000元，我拿来给你看一下。

当尝试上面的方法无效，推荐你用 LECPA 五步法来处理异议。

L——倾听（LISTEN）：倾听客户担忧，确认真正的反对理由。

E——共情（EMPATHY）：站在客户的角度为其分忧解难。常用话术：理解，很多客户也有很多这样的担忧，明白你的感受。

C——澄清（CLARIFY）：对客户的担忧加以解释，以确认真正的问题所在。常用话术：你的担心是不是……我的理解正确吗？你的问题归纳起来是以下几个，对吗？

P——陈述（PRESENT）：针对客户忧虑，提出合理建议。常用话术：之前有一个客户用了×××。

　　A——要求（ASK）：对于提出的建议，要征求客户最终同意。常用话术：你觉得现在这个方案如何？我们就签单吧。


　　你卖一个线上课程运营系统，沟通一轮之后，当客户说我再考虑一下，作为销售，你用LECPA异议处理五步法来和客户沟通。

　　L倾听：××，你这边是什么原因让你再考虑一下呢？是价格、功能还是其他原因，方便分享一下吗？

　　客户：我这边团队人员还没有齐备，现在有一点早。

　　E共情：很多客户都有这样的疑虑，觉得提前开通，后面内容制作上还需要花费很多时间，运营人员也没跟上，导致系统闲置，浪费钱。我的理解正确吗？

　　客户：是的。

　　C澄清：所以你的问题归纳起来是两点。第一，运营人员没齐备；第二，内容没准备好。我的理解正确吗？

　　客户：是的。

　　P陈述：好的，这个问题，之前××公司也遇到过，后面我们给他提供了×××内容和线上运营兼职人员，让他们在5个月之内，实现业绩100万元。针对你的行业，恰好我们也会有这样的资源可以帮到你。我具体给你演示一下。

客户：好的。

A要求：这个方案你看完之后，没有其他疑问，我们就签单吧。

用成就用户的心态，倾听对方的需求，了解对方的顾虑，消除顾虑，最后让对方下单付钱。

处理客户异议时，一定要以客户为中心，了解客户真正的异议是什么（客户自己、产品还是销售人的问题），努力弄明白产品异议背后的原因是什么，这样才能对症下药，解决对方的困惑，促使对方下单。

## 做买卖

为什么买？为什么找你买？为什么现在买？

# 第四节
## 激发咨询，文案这么写客户主动来找你

作为咨询师、创业者、产品推广人员，如何写文案介绍才能让客户主动咨询呢？建议你用下面的文案结构。

### 一、痛点文案

痛点文案结构＝你有疑难＋我有办法＋快来购买。

客户现在有什么痛点，呈现客户痛点让客户感觉你懂他。

此刻正在什么场景下遇到问题，呈现具体场景让客户

感觉你懂他。

你想要什么？呈现方案让客户感觉你懂他。

你有病、我有药、很有效，然后通过行动呼吁，快来买，让对方主动咨询你。

如销售樊登读书卡文案。

你买了很多书，但是常常没有时间读，打扫卫生时才发现书壳落了很多灰。看了一本书，常常读完就忘记，完全不知道这本书的重点在哪里。阅读速度超级慢，年终回顾时，才发现没读几本书。（你有疑难）

如果你想提升自己，推荐购买樊登读书会员，它能让你用手机听书，30分钟的内容，1.5倍速20分钟，在上下班路上，在做饭排队的时候，一天就听完一本书。（我有办法）

今天"双十一"做活动，买一送一，365元的年卡，买一年送一年，一年带你读50本书，限量20个名额。（快来购买）

如育儿课程文案。

每天早上叫孩子上学非常痛苦，闹钟响了两三次，进房间叫起床从喊到吼，音调一点点提高，孩子就是不起床，越催越磨叽，还顶嘴。不光起床，吃饭、刷牙、睡觉什么事都得催着做。（你有疑难）

如果你管小孩还是用衣架 + "狮子吼"，建议来听一下我一个朋友的分享，她是教育心理学博士，高中以前是一个"学渣" + "问题少女"，明天晚上她会开一场父母公开课。（我有办法）

教父母如何"不急不吼，轻松告别孩子的拖拉磨蹭"，课程只要9.90元，干货很多，限30个名额，先到先得。（快来购买）

## 二、3 种方式找到用户痛点

### （一）搜索关键词 + 文案

比如做护肤品，可以用百度搜索护肤品 + 文案，了解别的文案是怎么做的。

### （二）看广告收集痛点

学习销售我有一个习惯，我会去抖音刷广告视频，反复琢磨广告如何吸引我、如何描述痛点、如何让我下单。

比如，了解保险，我会去主动搜索"保险"或"购买保险"等关键词，连续观看 10 个以上的视频，让系统探测到我是一名潜在目标客户。一段时间后，系统就会给我推送更多精准的保险广告。我再通过付费广告视频的文案和评论区用户反馈，快速了解一个行业的真实痛点。

### （三）深入用户做访谈

通过社群、朋友圈、线下活动等形式，直接和消费者对话，了解他们的真实痛点。

#### 1. 女性护肤的痛苦

迷信大牌，护肤品买了一大堆，脸色依然暗沉。

盲目跟风，用了不适合自己的产品导致肤质问题加重。

好好的脸蛋成为各种护肤品的试验田，状态越来越差。

#### 2. 普通人买房的痛苦

努力加班，攒钱买房，一直等着，5年后全款突然变成了首付。

辛苦打拼，认真工作，不做投资，存钱速度跟不上房价上涨速度。

结婚仓促，孩子到了入学年龄，才后悔没有买学区房。

### 3. 公众讲话的痛苦

面对人群说话莫名紧张，口干舌燥，小腿发抖头脑一片空白。

家长会发言和工作汇报，语无伦次，逻辑混乱，抓不住重点。

开会时领导点名发言，因为不知道说啥不敢表达自己错过机会。

### 4. 不善于沟通的痛苦

说话没逻辑，简单的事情被自己说得越来越复杂。

关心对方，却总因为一点小事吵起来。

想交朋友，可偏偏自己是个"话题终结者"。

不懂得体面拒绝，不仅伤感情还会得罪别人。

### 5. 社群运营的痛点

死气沉沉，只有群主一个人在分享，很难让人参与。

大家平时"潜水"，除了发红包，没有其他办法活跃氛围。

收不起高价，免费低价群，除了发广告还是发广告。

用"你有疑难，我有办法，快来购买"的文案结构，加入痛点、价值、数据和见证，让客户主动咨询。

### 三、故事文案

除了痛点文案之外，你还可以尝试用故事文案来促使客户主动咨询。

在机场、地铁、商场户外大屏、门店墙壁、线上移动端平台、自媒体平台、私域流量等所有潜在客户和客户看得见的地方，不断输出下面3种内容：

第一，我很牛，我取得了多大的成果。

第二，我的客户很牛，发生了从×××到×××的变化。

第三，我的客户很多，从A行业到C行业遍布全球。

不断输出成功案例，通过大量的客户见证，让客户相信你能帮助他。

你可以用下面的故事结构来呈现故事文案。

一个结果 ✕ 一个过程 ✕ 一个行动

比如，我在朋友圈曾分享过一个朋友的成功案例。我的故事文案是这样写的：

我有一个朋友 Cici，她做线下穿搭工作室，疫情期间大家都没办法出门，她的生意陷入困境，不知道如何把生意做到线上。一开始，她花了很多学费学习线上引流技巧，结果什么都没学到，不仅浪费了时间，还花了冤枉钱。后来，她开始自我摸索，通过社群裂变，越来越多的潜在客户找到了她。她的生意开始好转，累计收入很快就突破了30 万元。很多人好奇她是如何做到的，和她深度交流后，我发现这背后有很多方法和技巧。如果你需要通过一部手机找潜在客户，我可以把她的操作流程分享给你。限时免费，仅限 10 位。10 位之后，你需要支付 99 元。

值得一提的是，一篇成功的故事文案，除了要有结果和过程外，还要有行动呼吁，让目标客户主动咨询或者下单购买。常见的行动呼吁的话术有如下 3 种：

第一，感兴趣的朋友打1，我随后联系你。

第二，感兴趣的朋友私聊，我随时在线。

第三，需要的朋友下单，买就送超值礼品，限额10位。

特别提醒，当你在写故事文案推荐产品和服务时，请注意以下三点：

第一，写打动你的真实的故事，写完后读一遍并删除不通畅的表述。

第二，写出差异化，用具体的细节营造画面感，让读者身临其境，感同身受。

第三，对目标用户说话，用超值赠品和无忧承诺等方法消除顾虑，号召行动。

## 小行动

整理并收集30份客户反馈好评，同步到手机端，方便随时调用。

定金为王

# 不交定金，生意多半黄！

# 第五节
## 话题选择，和客户聊什么能建立信任

弱关系创造机会，强关系产生信任。分享我学到和实践的 5 个方法。

### 一、找相似点

罗伯特·西奥迪尼在《影响力》里强调，我们喜欢观点、个性、背景和生活方式与我们相似的人。

心理学家埃姆斯威勒曾经做过这样一个实验：他们在大学校园里向过路的大学生索要一毛钱打电话，当他们的穿衣风格及言谈举止与被询问者相似时，超过 2/3 的人会答应他们的要求；但是当他们的穿衣风格及言谈举止与被询问者大不相同时，只有 1/5 的被征求者给了他们一毛钱。

在传统线下销售中也强调，尝试和客户保持一致。当对方说四川话时，自己也用四川话和对方谈话；当对方跷二郎腿时，自己也跷二郎腿。

在线上和用户聊天时，先从祖籍、城市、圈子、爱好等相似点开始聊天。

比如，幸会幸会，你也是四川人呀？也有两个宝宝啊！

## 二、问一个让对方能轻松回答的问题

复杂的问题让人头痛，在和客户聊天时，谈销售之前先通过寒暄营造轻松的氛围。

比如，发现一条销售线索，和对方打招呼的时候，你可以说：

幸会幸会，看到你在 ×× 群里，平时看你也很少说话呢？

这个时候，对方只需要很轻松地说，是的是的，平时比较忙。然后你可以继续接话说，果然是大忙人。

## 三、问模糊开放性问题

在和客户初次打交道时，采取前松后紧的策略。一开始放松闲聊打开话题，到后面聊需求、聊预算、聊竞品，越来越有节奏感和紧迫感。

闲聊打开话题时，可以聊 4 种话题：家庭，工作，娱乐和金钱。

比如，"张先生，老家哪儿的呀？""平时喜欢什么娱乐项目？"等。

通过开放性问题，让双方在轻松愉快的氛围中建立信任。

> **"**
>
> 与智者言，依于博；
> 与博者言，依于辩；与辩者言，依于要；
> 与贵者言，依于势；与富者言，依于高；
> 与贫者言，依于利；与贱者言，依于谦；
> 与勇者言，依于敢；与愚者言，依于锐。
> ——《鬼谷子·权篇》
> **"**

《鬼谷子·权篇》中说道："与智者言，依于博；与博者言，依于辩；与辩者言，依于要；与贵者言，依于势；与富者言，依于高；与贫者言，依于利；与贱者言，依于谦；与勇者言，依于敢；与愚者言，依于锐。"

与聪明人谈话，要知识渊博，讲认知，讲思维模型，旁征博引，呈现价值。

与知识渊博的人谈话，要在气势上压倒他们，言辞犀利，让他们听话照做。

与能言善辩的人谈话，要简明扼要，让对方多说，让对方过足嘴瘾，找到存在感和成就感。

与地位高贵的人谈话，要谈趋势、风口、使命、愿景、价值观，让对方觉得你格局大。

与富人谈话，要高雅，让对方觉得你有品位。

与穷人谈话，要说明利害得失，讲实际的好处，不务虚，尽量让对方立马获得好处。

与地位卑微的人谈话，要放低姿态保持谦卑，让他感受到被尊重。

与勇敢的人谈话，要果敢，就事论事，不牵扯过多情感因素。

与愚钝的人谈话，要思维敏锐，说话一针见血。

## 四、嘴甜打钱

多群聊少私聊，通过群聊触达，让潜在客户感受到高情商和专业。在线上接触弱关系时，必不可少会和陌生人聊天，特别是第一次聊天，一定要建立好第一印象。

和陌生人聊天，建议用两个方法：

**第一，嘴甜。**

把"在吗、喂、你好"改成"小姐姐、亲、×× 老师好"。嘴甜可以延伸到赞美、认可、欣赏等范畴。

心理学上有一个阿伦森效应，指人们随着奖励减少而态度逐渐消极，随着奖励增加而态度逐渐积极的心理现象。

阿伦森效应的实验是将实验参与者分成 4 组，对其分别给予不同的评价，借以观察实验参与者对他人评价的反应。

第一组始终对之褒扬有加，第二组始终对之贬损否定，第三组先褒后贬，第四组先贬后褒。

此实验对数十人进行过后，发现第四组对他人给予的评价最有好感，而第三组对评价最为反感。

从这个实验得出，人们都喜欢褒奖不断增加、批评不断减少。我们在和陌生人沟通的时候，尽量做到主动认可和赞美对方，做到嘴甜有亲和力。

**第二，打钱。**

连接对方，可以第一时间发一个红包，请对方喝一杯咖啡，并模糊邀约下一次行动。

在发红包的时候，尽量不要用转账，也不要发一个很大的数字，让对方很有压力觉得受之有愧。

没有人讨厌一个嘴甜给钱又有实力的人，如果对方还讨厌，说明没有甜到对方心里，红包发得还不够勤，实力还不够强大。

## 五、多群聊少私聊

物以类聚，人以群分，人在群体环境中会觉得相对安全和自由。一对一私聊，用户承受的压力更大。如果对方不回复，会显得他没有礼貌和教养。

但因为时间、能力、问话方式、兴趣等不同因素，有时一对一谈话并不能顺畅进行。建议多群聊，少私聊。

当你在群聊中看到一个非常棒的分享，然后你可以说："这个点子都被你想出来了，厉害！"随后发个红包高兴一下。

群聊常用的方法有 3 种：

第一，+1。

通过 +1，+2，+3……的方式，让分享者觉得自己被关注，被认同。

举例：

当用户在群里发言说，我要早起，用早起倒逼早睡，不然早晚会神经衰弱、反应迟钝。我再也不想当熬夜专业户了。

你可以接话说 +1，+2 或者 +3，表示认同。

曾经的熬夜专业户 +1。

熬夜专业户 +2。

熬夜专业户 +3。

……

第二，你说得真对。

查看对方的聊天，认可对方的观点，表扬对方，赞美对方。通过认可加补充的方式，很容易让聊天在轻松氛围中进行。

比如：你可以说，每天看你发言，收获很多，感谢感谢。

**第三，谢谢 ×× 分享。**

认可群聊 ×× 老师的分享，然后承上启下，补充分享一两个自己的观点，这样既认可尊重对方，也不会喧宾夺主。

从用户出发，用和朋友相处的方法，让客户感受到安全和轻松，让对方感受到被关注、被尊重、被认可，从而建立信任。

## 关于情商

# 没有人讨厌一个嘴甜、打钱又有实力的人！

扫描二维码，关注"弗"克
输入关键字"情商"
获取更多发红包的技巧

## 第六节
## 客户需求，5 种话术快速挖掘真实需求

通过大量的实践和学习，在挖掘客户的真实需求方面，我推荐 5 种实操话术。

### 一、给选择，你是要 A 还是要 B

用封闭性问题，同时给客户提供不超过三个的选项和建议。

比如，女性进入奢侈品店，导购可以问：

你是要自用还是送礼呢？

你是要看新款还是畅销款？

这个技能是我从化妆品导购那里学到的，她说：

先生，欢迎光临，你是要送礼还是自用？

留意到她的问话方式之后，以后别人找我咨询的时候我会问对方：

你是要学文案还是变现呢？

你是刚需还是做投资呢？

给客户提供一个易决定的选择，让对方觉得你很懂他，而不是把难题抛给对方。

## 二、复述，确认对方的问题

当客户说出自己的情况后，你可以帮助对方归纳总结，梳理之后复述一遍给对方，确认双方理解是否一致。

推荐话术格式：

你是说 ×××，对吗？

你的意思是说 ×××，我的理解正确吗？

你是说，你想花少量的钱，先测试一下现有产品的转化路径，跑通了再大范围投入，对吗？

你的意思是说，你想激活现有客户，实现更高效率转化，我的理解正确吗？

## 三、问背景，你现在是什么情况

当客户愿意搭理你，愿意开口说第一句话、第二句话，愿意继续回应你，代表购买意向在增强。

推荐话术格式：

了解，你现在是什么情况呢？

收到，方便说说你遇到的具体问题吗？

世界上没有相同的两片树叶，每个人都是世界上独一无二的。关切客户，制定专属方案，让客户说出自己独特的需求，让客户觉得自己被尊重。

之前去化妆品店为妻子买礼物，店员问我：

她多少岁？平时喜欢淡妆还是浓妆？皮肤干燥还是油腻呢？

我把从化妆品店店员这里学到的技巧提炼到了自己的话术中，后来当学员找我学写作时我会问：

你现在是什么情况呢？兼职还是全职？小孩几岁了呢？每天都有多少时间投入？

## 四、呼吁行动，方便电话聊几分钟吗

文字交流方便但效率低，容易产生误解。当客户用大段文字或者大段语音描述自己的困惑和需求时，表示客户购买意向很强，这个时候，为了更好地帮助对方，你可以尝试切换场景，用更高效的方式帮助对方。

推荐话术格式：

了解，文字（语音）沟通起来麻烦，你看看方便电话聊几分钟不？我去找个安静的环境。

嗯，你的情况我收到，为了更好地协助你，避免我的理解有偏差，你看方便电话聊几分钟不？（方便明天上午10点去你办公室聊20分钟吗？）

## 五、袒露心声，买不买没关系

和不熟悉的人交流时，人和人的沟通间会存在抗拒和保留，一些人不愿意说出自己真实的状态，更不愿意透露隐私，害怕将来产生麻烦。

这个时候，销售需要构建安全、信任的沟通环境。

推荐话术格式：

没关系，买不买没关系，主要看我能不能帮助到你，交个朋友。

放心，我们有严格的保密协议，我不会对外告诉别人。

# 我有什么不重要，
# 你需要什么才最重要！

扫描二维码，关注"弗兰克"
输入关键字"需求"
获取如何挖掘客户需求的书单

# 第七节
## 如何提升一对一解决客户问题的能力

美国软件领域专家和思想家杰拉尔德·温伯格，一生出版了 30 多本书，其中著作《咨询的奥秘》和《咨询的奥秘续》解释了如何做一个好的咨询师和顾问，书中他讲了一个故事。

入春第一天，卢克和齐克决定去猎熊。他们到达小木屋时，天色已晚无法打猎，于是两人放松下来喝啤酒享受生活。

第二天天刚蒙蒙亮，卢克醒来去树林里解手，在回来的路上不幸遇到一只正在觅食的大灰熊。熊冲了过来，卢克三步并作两步跑进木屋，饥肠辘辘的大灰熊顺势冲进木屋。

这时，卢克灵光一闪，"砰"的一声关上门，插上门闩，冲着还在睡梦中的同伴喊道："齐克！你先把这只灰熊皮剥了，我再去弄一只来。"

温伯格用这个幽默故事来说明咨询的难点，当顾客（卢克）遇到搞不定的事情时，总是期望有另外一个人（齐克）来帮他解决几乎不可能完成的任务。

一个病人能不能痊愈，取决于病情、病人和医生三者，并不是仅仅取决于医生一个人。如果是绝症，华佗再世也无法解决。如果病人自己不配合吃药，再好的医生也会没有效果。

做咨询做顾问也一样，要懂得筛选，筛选能够被解决的问题，筛选主动配合的客户。当事人积极配合，行动上跟进，结果才会好。否则再好的方案，不认同不执行，也会没有效果。

## 一、筛选客户

成交的关键在于筛选好客户。一个优秀的顾问一定懂得筛选，筛选那些意愿足够强，愿意付费的好客户。

好客户并不仅仅是有钱的客户，而是那些愿意付费，明白自己的问题，信任顾问专业能力，并尊重他人时间想改变的客户。

用价格过滤掉单纯好奇的人，筛选出有需求的客户。

不建议免费，对方不给钱，先不要帮他解决问题。做顾问不是做公益，而是用你的能力和资源，花时间花精力真心帮助你能帮助的人拿到结果。

用问卷筛选，帮助客户梳理问题，筛选那些有耐心、改变意愿足够强的客户。

作为顾问你要明白，能用钱解决的问题都是小问题。很多难题，无法用金钱解决。如果对方愿意付钱，代表对方对你为人的认可，对你产品和行业的认可。

因为越厉害的人，你越无法用金钱打动对方。

## 二、优秀销售的 3 种能力

优秀的顾问和销售，应该具备以下三种能力：

### 第一，同理心，能快速理解客户的痛苦。

提升同理心，了解客户的痛点、难处、担心、顾虑、渴望、预算等信息。把自己想象成客户，体会产品在使用过程中的一些困难和反应，做到心里有数。

假设你卖保险，提升同理心即一定要站在客户角度，和客户讲清楚产品保障内容、健康告知以及后续理赔等整个的流程。如果你卖护肤品，要先试用，看会不会有过敏不适的状况。

**第二，判断力，找到更多销售线索。**

你可以尝试用下面6种方式，找到更多精准销售线索。

·好友饭局聊天。
·线下互动答疑。
·线上社群聊天。
·线上互动评论区。
·一对一聊天。
·朋友圈状态更新。

比如，有一次老婆去商场买衣服，发了一条动态说要减肥，很多做减肥产品的人找到这条销售线索后，快速私信联系她。

**第三，专业能力，能简明扼要给出方案。**

除了要有同理心和判断力，同时还要有专业能力。你的专业能力越强，你的影响力越大，你的口碑越好，你越能吸引高净值客户。

提升专业能力，首先要提升对客户的洞察力。很多时候，客户在描述一个问题时，往往浮于表面，无法深入挖掘真正的原因和本质。

比如，很多创业者都说成交难，缺少流量。其实根本不是流量的问题。深入追问下，你会发现本质可能是因为产品本身不够好，客户体验感不强，不愿意发朋友圈，不愿意转介绍。因为产品不够好，所以转化率不高，所以不敢花钱买流量。

### 小结

理解客户，筛选合适的客户，用自己的专业能力，帮助能帮助、愿意接受帮助、愿意给你钱的人。筛选并放弃，把 80% 的精力放在 20% 的客户身上，你帮助客户解决问题的能力会越来越强，收入会越来越高。

## 抓回头客

节日送温暖，年终送感谢，新品送优惠。

# 第八节
# 一对一聊天，这样做能让客户爽快下单

当潜在客户主动咨询你的产品和服务的时候，你可以用下面的7个步骤帮助客户，实现成交。

## 一、陌生破冰，和客户建立信任关系

先做朋友，后做生意。先建立关系，再销售产品。推荐常见的3种破冰方式，如表3-1：

表3-1　常见的3种破冰方式

| 破冰方式 | 参考内容 |
| --- | --- |
| 淘宝体 | 亲，你好，我在…… |
| 谦虚体 | 来了，抱歉让你久等，刚刚下楼拿快递去了 |
| 表明身份 | 你好你好，我是××机构××工号××× |

表 3-2  破冰的正确做法和错误做法

| 正确做法 | 错误做法 |
| --- | --- |
| Q：产品多少钱啊？ | Q：产品多少钱啊？ |
| A：下午好，很高兴为你服务，你看中的是哪一款呢？ | A：1000 块 1 份，两份 8.5 折 |

注意事项：

破冰的目的是建立友好的谈话氛围，让客户更愿意说出自己的真实需求。建议用符合自己身份的口吻聊天，切忌生搬硬套。

## 二、询问需求，了解对方的真实目的

破冰之后，了解客户为什么找你，找你到底干吗，找你要实现什么样的结果。

比如，现在很多人想要打造个人品牌，如果你问他为什么要打造个人品牌，最终希望拿到什么结果，通常他会说提升影响力，找到更多潜在客户和人脉，卖得更多卖得更贵。

再进一步问具体目标，在询问什么时间取得什么成果付出多大的代价时，他就会告诉你他真实的需求。

　　如何挖掘潜在客户真实需求，可以参考本章第六节内容"客户需求，5种话术快速挖掘真实需求"。

　　成交也一样，以终为始先弄清楚客户为什么要找你，然后倾听并沟通，帮助对方实现他的目的和结果。

　　注意事项：

　　少说多听，不要判断，放下立场，倾听感受，倾听事实，把自己全身心放在对方身上。

　　比如有些人想学习写作，让对方主动说出他的真实目的和诉求。对方的目的可能不是变现，很大可能是要出一本书，记录自己的过往，留下精彩的回忆，出版之后送亲朋好友。

　　推荐话术：你是要 ××× 还是要 ××× ？

## 三、诊断问题，聆听对方的痛苦和麻烦

**❝**

**你不关心客户的脑袋，
客户就不会关心你的口袋。**

**❞**

　　以客户为中心，了解对方的现状，积极倾听对方情况，

通过文字、语音或者电话的方式，了解对方的真实情况。这一步最重要的是让客户开口说，认真倾听，用问答赞的方式积极回应。

> **"**
>
> **放下我我我，多说你你你，**
> **少说教，不争辩，不炫耀，**
> **把对方的痛苦当作自己的痛苦。**
>
> **"**

此刻想象自己是一名医生，通过望闻问切，通过检测数据，了解客户的实际问题。放下我我我，多说你你你，少说教，不争辩，不炫耀，把对方的痛苦当作自己的痛苦。

举例：

一个客户说最近销售业绩下滑，我问他最近在忙啥？他说在忙着服务客户，做售后跟进没有做成交。我说要做大业绩，引流、成交和服务同样重要，不能今天做引流，明天做成交，后天做服务。需要把引流、成交和服务落实到每天的工作中。

在和客户聊天的过程中，了解对方的目的（增加业绩），诊断对方的问题（现在怎么做），然后表示你认同对方（认同），给出一个让他惊讶的解决方案（方案），消除他的顾虑，让客户认可你，最终促成购买。

推荐话术：方便说说你遇到的具体情况吗？

## 四、肯定认同，让用户觉得安全放心

在诊断过程中，多表示肯定和认同，让用户觉得被关注，觉得安全和放心。可以参考下面3个话术，如表3-3。

表3-3　肯定认同的3个话术

| 肯定认同 | 参考话术 |
|---|---|
| 顺从肯定 | 理解，这种情况的确挺麻烦 |
| 引导话题 | 嗯，然后呢？ |
| 举例回应 | 之前我一个朋友也遇到过这种情况 |

## 五、提供方案，初步提供定制方案

了解真实需求、诊断问题之后，给出最适合客户的解决方案，真正实践成交就是成就。

推荐话术：这种情况，我推荐你 ×××，你觉得怎么样？

## 六、了解顾虑，询问回馈，处理异议

当客户犹豫的时候，需要了解客户的真实顾虑，可能担心没效果，价格太贵，已经有替代品或者觉得自己没时间，等等。

对症下药，解决对方的后顾之忧。

推荐话术：你觉得 ××× 有什么问题吗？

## 七、促单成交，敦促客户下单购买

消除顾虑之后，客户还不一定购买，这时你需要综合购买需求、购买力和购买意愿，让对方下定改变的决心。

促单成交环节这一步是最考验销售能力的部分，参考本章第二节、第三节的"促单技巧"和"消除抗拒"，需要不断练习和总结，找到成交的核心技巧。

以用户为中心，分析问题，解决问题，真心成就对方，帮助客户实现效用价值最大化。

关于倾听

放下我我我，
多说你你你。

# 第九节
# 销售复盘，做好这5点你能卖得更多更贵

线上成交，如果客户从对话中感觉到敷衍和不耐烦，即便你提供的方案很好，对方也不愿意付钱。建议做3件事：

## 一、提前做问卷调查

在电话或者面谈之前，先让对方付费，然后发一个问题清单让对方填写，如果对方填写得不清楚或者态度很敷衍，或者你觉得无法解决他的问题，直接退还订金。

如果对方填写得很仔细，尝试让对方聚焦，问对方你最想让我帮助你解决一个什么问题？

做销售咨询，分享7个问题清单供你参考：

第一，你卖的是什么产品，单价多少钱？

第二，你去年这个业务做了多少业绩？

第三，你做销售成交常用的方式是什么？陌生拜访，转介绍，会议销售，电话销售，社群销售，朋友圈销售，还是直播销售？

第四，你现在有多少潜在客户？

第五，你现在遇到了什么问题？

第六，你解决这个问题尝试过哪些方法？

第七，你想我帮助你解决哪一个具体问题？

上述 7 个问题，目的是帮助你系统了解客户的现状和需求。一个做咨询的朋友，用这 7 个问题，详细倾听对方的需求，最后成功成交 3000 元，对方只需要让她协助优化销售成交话术。

如果卖产品，你可以参考下面 7 个问题帮助客户理清思路：

第一，想要什么呢？怎么突然想起买这个？（关注需求）

第二，之前你用过什么产品呢？（了解背景）

第三，有什么不满意的地方吗？（了解痛点）

第四，你理想的产品包含什么？（了解期待）

第五，最想要的一个功能是什么？（明确期待）

第六，你的预算是多少？（确认预算）

第七，你看这个方案如何？（提供方案）

通过现状、问题和麻烦，了解客户过去怎么做，客户将来的期待和预算，然后提供有竞争力的专属方案，呈现价值，消除顾虑。

## 二、借助第三方工具控制自己的情绪

为了让自己变得更加专业，避免不耐烦等负面情绪产生，在和客户聊天或者见面沟通之前，我会准备3样东西。

第一，打开调查问卷，快速查看一下对方的基本状况。

第二，准备一个计时器确保沟通不超时，同时提前跟对方说，我们今天简单沟通30分钟时间。

第三，在手上套一根皮筋，每当自己有不耐烦的情绪时，我会用皮筋弹自己一下，让自己回归中正平和的心态。

### 三、确定交流类型

在做这些调整之前，一些潜在客户，到线下聊天聊了几个小时，喝了茶吃了饭，但是最后离开时还是没有付钱。所以到后面电话交流或者线下见面时，我把这些客户分成两类，要么做朋友，要么做生意。

第一，朋友聚会。

朋友聚会比较单纯，交流信息，增加彼此了解，不做销售，随意聊，开心就好。

第二，客户访谈。

把频道切换成咨询频道，会认真倾听对方的需求以及期待。

当我切换到客户咨询频道时，我会刻意放下我我我，多问你你你，把自己当作一个知心朋友，关切地询问客户有什么需求，需要什么服务，让对方觉得自己被重视，问题可能被解决。

通过不断地实践和复盘，我开始做客户访谈记录，领悟到销售三分靠说，七分靠听。筛选客户，真心帮助客户，把自己的服务卖得越来越贵。

如何做复盘，才能越卖越多越卖越贵呢？

第一，描述结果：以终为始，还原沟通现场。客户没

有下单 / 支付订金 / 成交 ×× 产品。

第二，售前准备：

客户信息确认：有需求，有购买力，有购买意愿。

销售状态：积极热情面对微笑。

第三，成交过程：准确了解需求，传递产品价值，敦促下单，处理异议。

第四，原因分析：

成交：可能的原因。

没有成交：可能的原因。

第五，下一步行动：寄送样品。

**第一，描述结果。**

以终为始，描述结果，还原沟通现场，什么时间和谁通过什么方式产生了什么样的结果。举例：

7 月 8 日中午 12 点，和 ×× 客户电话聊了 16 分钟，成交 5000 元。

7 月 9 日晚上 9 点，和 ×× 客户电话聊了一个小时，没有成交。

**第二，售前准备。**

客户资料：

调出客户跟踪表，查看客户基本信息，确认对方是不是有需求有购买力有购买意愿的 A 类客户，如表 3-4。

表 3-4　客户跟踪表

| 客户标号 | 类别 | 名字 | 职位 | 电话 | 城市 | 意向产品 | 核心需求 | 沟通记录 | 下一步行动 | 备注抗拒点 |
|---|---|---|---|---|---|---|---|---|---|---|
| 01 | A | ××× | ××× | ××× | ××× | 01 | ××× | ××× | ××时间拜访 | |
| 02 | B | ××× | ××× | ××× | ××× | 01 | ××× | ××× | ××时间电话 | |
| 03 | C | ××× | ××× | ××× | ××× | 02 | ××× | ××× | 放弃 | 已在用竞品 |

状态调整：

切换状态，打起精神，检查自己是否有负面情绪，对着镜子练习口腔操，微笑露八颗牙，并提前准备好一瓶水，找一处安静的环境准备迎接客户。

**第三，成交过程。**

还原客户真实需求：

客户是哪里人，什么职业，多少岁，小孩多大，现在遇到什么问题，他想要什么？

我给对方的方案是什么？我建议他具体做什么？他是怎么回复的？是说去试一试还是说太棒了？

为刺激对方立即下单我做了什么？

在了解用户需求，给出方案之后，我在刺激客户下单方面做了下面几件事：

（1）案例引证。我之前有一个朋友和你一样，他×××。

（2）效果保证。按照这个方案，能够让你的业绩×××。

（3）呼吁行动。来呗，最近下单有超级福利×××。

**第四，原因分析。**

客观分析，不抱怨不推卸责任，成功成交反思自己可能做对了什么，成交失败反思自己可能做错了什么。

**第五，下一步行动。**

没有行动的复盘等于没有复盘，明确下一步要采取的具体动作，明确到时间节点和责任人。

举例，如表 3-5：

表 3-5　行动的明确

| 客户 | 下一步 | 时间点 | 执行人 |
|------|--------|--------|--------|
| A | 挑选一个礼物送给他小孩 | 下个月7日之前 | 弗兰克 |

## 小结

成交不是瞎子摸象，也不是每天干着同样的事情，却期待不一样的结果。成交是通过大量的实践，见足够多的客户，并记录复盘成功和失败可能的原因，复制，更新，改变。

**成交秘籍**

# 把对方的利益放心上，并且让对方看到。

第四章

# 做对事，成为批量成交高手

# 第一节
# 10 倍成交，如何快速成为批量成交高手

要成为批量成交高手，你需要掌握 3 种能力：

第一，营销策划，设计一个让用户下单的主题，并让潜在目标客户购买。

第二，社群运营，注重服务细节，满足客户需求并超出客户期待。

第三，文案引导，通过内容设计，让客户愿意听，听得懂，会下单。

## 一、批量成交认知

第一，不要讨好所有人，始终对潜在客户说话。

以前，我觉得每一个花钱的人，都应该被平等对待，后来发现对一些人我付出了很多，但是对方根本不买账。

最后真正买单的客户，并不是我花了很多时间的客户。

后来我做筛选，拒绝掉很多犹豫的客户，花更多时间倾听 A 类客户，了解他们的真实需求，业绩越做越大，客户满意度更高。

第二，要了解目标客户的真实痛点，千万不要自以为是。

做到这一点不容易，要深入客户内心了解他想什么，经历过什么，甚至你要比客户更了解他自己。

（1）了解客户内心最大的渴望是什么？

（2）了解客户迫切想解决的难题是什么？

（3）了解客户现在最大的担心是什么？

（4）了解阻碍他改变的最大障碍是什么？

第三，要了解自己，知道自己能服务谁不能服务谁。

山外有山，人外有人，你在选择客户，客户也在选择你。

与其花精力试图让所有人认同自己，不如明确告诉对方，自己能服务谁，不能服务谁。对不适合的人，直接说不。

第四，要有成功案例，千万不要王婆卖瓜自卖自夸。

有资料，有截图，有真实案例，而且最好有大量符合目标客户情况的真实案例出现，让他觉得你已经帮助过像他一样的人，让他看到曙光和希望。

第五，要做用户分级，用不同价格吸引他们，并勇敢说不。

筛选客户，会让客户觉得自己被额外尊重和重视。筛选用户并区别对待的4个建议：

（1）对免费用户，提供情绪价值，给予希望和鼓励。

（2）对低价用户，提供认知和实操方法。

（3）对高价用户，提供圈子和资源。

（4）对铁杆用户，提供持续关怀和福利。

第六，要有一个好产品，真正帮助客户解决问题的好产品。

销售不是坑蒙拐骗，是把对方需要的产品和服务提供给对方，把已经帮助人成功的方法分享给更多人。

第七，要失败并改变过很多次，才能知道人为什么会购买。

和客户沟通，不要看他说了什么，而要看他做了什么，永远关注客户的行为。

（1）关注客户愿不愿意和你花时间面谈。

（2）关注客户愿不愿意让决策人和你面谈。

（3）关注客户愿不愿意试用你的产品。

（4）关注客户愿不愿意和你谈产品服务细节。

## 二、批量成交心法

2014 年，我开始在线上做公益活动，0 元进群，在无偿服务半年之后，当时一个群 500 人中有 5 个人愿意付 32 元。7 年后的我，做收费活动，进群门槛 100 元，在分享了 1 个小时之后，有 31 人愿意付 19 800 元。

为了学习品牌营销，2018 年我飞到北京找小马宋老师咨询。

为了学习销售，我花 1 万元、2 万元飞到北京、上海去参加线下课。

为了学习批量成交，我飞杭州学习 8000 人大会的销讲以及前后 5 次参与同一个课程，只为了解背后的逻辑，从线上走到线下，从台前走到幕后，从学员走到助教。

通过不断花钱，花 1000 元、1 万元、2 万元、3 万元、5 万元、10 万元去获得知识和机会，逐步理解客户购买的决策逻辑。

想要 10 倍提升你的批量成交能力，下面 5 点必不可少：

第一，花钱购买商品和服务，充分理解客户心理。

第二，和有经济实力的客户合作，节约时间和精力。

第三，和有强烈意愿的客户合作，降低工作量。

第四，把有价值的信息多渠道传播出去，建立品牌势能。

第五，不断实践，提高销售能力。

当一个人能力越来越强，圈子越来越优质，客户越来越有实力，给客户带去的价值远超价格，客户就会抢着给钱。

## 三、批量成交技法

一对一成交，本质上是理解一个人的需求，解决对方的问题。批量成交，本质上是理解一群人的需求，并让一群人愿意听，听得懂，解决他们的问题，并让他们满意。

### （一）信任前置

要实现批量成交，需要你在目标用户所在的场合，提供他们需要的有价值内容，吸引注意，提供价值，建立信任。通过图文、视频、直播或者线下活动，让用户提前认识你，看到你的产品。

可以通过出书、广告、专栏、音频、视频、电视访谈以及对方感兴趣的内容去曝光，让用户受益，让用户对个人和公司产生初步信任。

### （二）筛选用户

拥抱用户思维，放弃流量思维，关注客户终身价值。把需要你的人聚集起来，让他们感受到被看见和被尊重。

用优质的内容、问卷调查、价格和门槛筛选需要你的客户，让他们了解你的产品和服务，真心成就他们，让他们收获到10倍价值，然后你就会实现10倍成交。

一场批量成交分享，100个人听，如果客单价是10万元，10个人购买，转化率10%，业绩是100万元。

一场批量成交分享，10个人听，10个人购买，转化率100%，客单价10万元，产生的业绩同样是100万元。

### （三）批量触达

触达、触达、还是触达。错过这一点，你会前功尽弃。学员"读心大叔"一场发售成交22万，他在触达上，会采取5到6个动作。

比如以预告、通知、私信、发红包、改群名等不同方式，集中用户注意力，多次触达有需求、有购买力的潜在客户，让他们听自己分享。

## （四）常用高效工具推荐

### 1. 社群运营工具

企业微信，小程序群接龙，小程序抽奖助手等。

### 2. 资料共享工具

坚果云，石墨文档，腾讯文档等。

### 3. 内容沉淀工具

小鹅通等。

### 4. 海报制作工具

Photoshop，小程序创客贴，稿定设计 App 等。

## 总结

批量成交不是追求热闹，而是把有购买需求和购买能力的人聚集起来，通过各种方法触达用户，让用户了解自己的产品和服务，可以更好地帮助他，让用户受益。

批量成交

不要讨好所有人，
始终对潜在客户说话！

## 第二节
## 营销策划，让你轻松策划活动的 7 个步骤

策划一场活动，做一次分享，销售一次产品都需要策划。如何做好一次策划呢？分享 7 个步骤：

**第一步，主题海报：确定一个超级有吸引力的主题。**

策划主题，加入大咖，列出主题大纲，加形象照、人物介绍，购买提供额外福利，9.9 元购买。

比如，如何打造百万线上营收；群发售单场销售 100 万元；如何花 1 元赚 10 元。

**第二步，过程海报：做后续服务的海报和报名进度海报。**

做报名进度和倒计时海报，做录取通知书、大咖优秀

学员海报、核心交付海报等。

**第三步，找推手：找到 10 个意见领袖分别邀请 100 人。**

20% 的人带来 80% 的贡献。通过种子用户和人际关系，找到这 20% 的人，给他们奖品和福利，鼓励他们宣传和招生。

**第四步，销售：写文案销售引流产品。**

通过公众号、社群分享、朋友圈、线下活动、直播等渠道开始销售。

朋友圈发售进程：

**1.预热期：你为什么要关注我（2 天）**

线上 3000 人分享，推广周期一般是 10~14 天，预热期不做销售，只是让用户知道即将有一件事，在心中埋下一颗种子。推荐下面 3 种方式：

第一，需求调查：邀请了几个百万粉丝大咖搞大事，评论区打个 1，提前内测宣布。

第二，公众号写推文展示自己取得的成果以及宣布即将要做一个活动。

第三，晒自己过去为了取得成果，花了多少钱去学习，让用户对价值有感知。

**2. 预销售：给你生活带来哪些改变（2天）**

预售分成三种：

第一，核心用户预售。

预热期通常1~3天不等，然后就进入预售期，让一部分核心用户免费或者收费社群半价获得福利。

第二，收费社群预售。

社群专门拉一个群，做一次主题分享，并宣布做一个主题活动。

第三，公开预售。

核心用户预售和社群预售之后，购买量已经达到500份，这个时候再去通过公开渠道比如公众号和朋友圈预售。

**3. 造势销售：制造用户期待**

预热、预售和意见领袖助推之后，有下面4种方式可以更大范围地获取目标客户。

第一，学员介绍：介绍加入学习的优秀学员，××公司CEO、××VIP用户等。

第二，学员见证：介绍学员 ××× 通过 ××× 发生了多大的改变。

第三，嘉宾介绍：邀请了 ××× 大咖嘉宾，额外得到大咖"加餐"分享。

第四，展示进程：×× 天销售了 ××× 份。

通过预热、预售、意见领袖助推、学员介绍、学员见证、嘉宾介绍、展示进程等方式，用户量可能达到2000~3000 人。

**第五步，做服务：学员来了之后调查用户需求。**

给客户确定感和安全感。可以提前分享预习资料，同时告诉对方什么时候拉群，什么时候分享，通过问卷问对方 1~3 个核心问题（人数多用问卷，人数少一对一私信调查）

问题 1，关于流量，文案，成交，你最想了解哪一个？

问题 2，你现在买的是啥产品，多少钱？

问题 3，你之前购买过其他产品和服务吗？

**第六步，建社群：进群之前让对方填写自我介绍。**

拉群前通知举例：

下午好呀，17点~18点我会邀请你进入班群，明晚20点开营。

入群后，你可以主动自我介绍，让更多人认识你了解你。参考模板如下：

昵称：

坐标：

身份标签：

我能提供的帮助：

这次学习最想解决的1个问题：

**第七步，做销讲：通过分享销售后续产品。**

促使用户参与，让用户有超值收获，通过红包雨、订单雨、接龙方式，让用户在热闹氛围中下单购买。

为了更大范围触达用户，可以在订单接龙和后续一对一追销，扩大销售额。

**营销策划**

# 让客户多、快、好、省！

# 第三节
# 社群运营，提升社群转化率的 7 个细节

社群营销在各行各业都开始普及，怎么在提升客户满意度的同时，提升转化率？分享 7 个细节。

## 一、社群服务成交提升转化率的 7 个细节

第一，寒暄。和用户建立亲密感，拉近距离，挖掘对方的需求。

| 淘宝体 | 互联网风 | 戏谑化 | 叠词 | 店小二 |
|---|---|---|---|---|
| 亲 | 小姐姐 | 老板好 | 你好你好 | 来了来了 |

比如，当用户购买产品之后，可以用下面的方式和他建立连接。

第一行：你好你好，感谢你购买参与 ×× 学习，我们学习时间在 ×× 日 × 点，我会在 ×× 之前拉你进群，

下面这个链接是预习资料。

第二行：请问一下，下面3个点你最关注的是哪一个点？

感谢你真实的反馈，有问题你发信息给我。

第二，提醒。关注对方需求，提醒对方学习并获得反馈。

提醒对方上课、做作业、预习数据、填写问卷等具体行为，然后给对方一个实际福利或者认可。

比如，提醒对方预习数据，你可以说，看完之后，请回复数字1，谢谢。

第三，跟进。积极帮助用户，了解用户的学习进度和困惑。

跟进用户，问对方是否已经听过分享，有什么困惑，有什么不懂的地方。

第四，反馈。反馈用户的疑惑，实实在在帮助用户解决问题。

记录下用户之前的疑惑，并把答案反馈给对方。

第五，总结。节约使用者时间，把内容总结提供给使用者。

抱着不买也能继续做朋友的心态，真心服务，主动提供汇总笔记。

第六，跟进。提醒对方听最终的销讲，跟进对方购买意愿。

首先确认对方是有听销讲分享的，然后询问对方是否有购买需求，接着问现在有什么疑惑。

比如，你好，×××，昨天晚上的分享你有听吗？×××产品你有兴趣购买吗？有什么疑惑吗？我看看怎么协助你？

第七，促单。临门一脚，电话促单成交。

用到前面的一对一成交技巧，或者求助助教团队出谋划策。

## 二、社群批量成交常见的 4 种方式

常见的社群批量成交方式有这 4 种：答疑成交，咨询成交，促销成交和服务成交，如表 4-1。每一种成交方式，有适用范围和注意事项。

表 4-1　社群批量成交常见的 4 种方式

| 批量成交方式 | 适合情况 | 产品单价 | 优点 | 劣势 | 注意事项 |
|---|---|---|---|---|---|
| 答疑成交 | 强影响力品牌 | 0.1 万元～2 万元 | 营销技巧要求小 | 问题难全面覆盖 | （1）建议从付费老用户中筛选（2）答疑之前分类汇总问题 |

续表

| 批量成交方式 | 适合情况 | 产品单价 | 优点 | 劣势 | 注意事项 |
|---|---|---|---|---|---|
| 咨询成交 | 高单价产品 | 0.5万元～10万元 | 成交率高 | 时间花费多 | （1）销讲前重点沟通意向人群（2）确保成员到场率达到70% |
| 促销成交 | 低单价产品 | 1000元以下 | 成交率高 | 浪费部分流量 | 设计抓住用户注意力的销讲稿 |
| 服务成交 | 有助教团队 | 0.5万元～10万元 | 成交率高 | 管理难度大 | （1）需要1个经验丰富的操盘手（2）提前培养成交流程和话术 |

答疑成交，对营销技巧要求低，对用户质量要求高，需要控制好入群审核，否则答疑过程中会出现广告等意外状况。

咨询成交，适合发售高单价产品，对营销技巧要求高，需要团队配合，提前沟通意向人群需求，控制现场氛围，临场应变。

促销成交，适合发售低单价产品，对产品设置和运营技巧要求高，需要制造并烘托社群氛围，用稀缺和超级大礼包让用户抢购。

服务成交，适合操盘手加团队配合，对助教成交能力要求较高，需要提前培训，用社群价值观、产品价值和真诚的服务精神等打动使用者。

不管什么样的批量成交方式，你需要设置一个有吸引力的主题和海报，根据客户数量和质量设置团队分工来完善你的成交方式。

### 1. 答疑成交 7 个细节

答疑成交是信任驱动，不仅仅适合培训产品，也适合代理商销售新产品、老用户招商等活动，目的是为老客户提供内部福利。分享 7 个要注意的细节：

第一，从付费用户中筛选目标用户，降低沟通成本。

第二，提供专属定制福利产品，让用户觉得超值。

第三，不同地区设置差异化价格，让用户觉得被关怀。

第四，准备报名人数不足的预案，让用户觉得考虑周全。

第五，制作榜样用户参与的海报，让学习和参与更有趣。

第六，分类整理文字答疑信息，让用户感到服务体贴。

第七，群内通报活动准备进展，让用户掌握最新信息。

答疑成交是最不需要营销技巧的批量成交方式，需要发起人有足够强的品牌影响力，同时让参与的老用户感觉到超值、体贴、被关怀。

### 2. 咨询成交 7 个细节

高单价咨询成交 7 个要注意的细节：

第一，整理主讲人的实力证明、权威报道、个人资料。

第二，讲出个人故事，让陌生用户充分了解自己。

第三，展示客户好评，前后对比真实案例的差异。

第四，设置超值赠品大礼包，让用户觉得超值。

第五，设置人员和任务分工（主持＋抽奖地址收集＋见证人分享＋接龙安排＋追销）。

第六，写出销讲（即销售讲解）整个环节的逐字稿。

第七，销讲前提前排练一遍，并获取第三方反馈。

有一次做社群发售，中午 12 点我开始写销讲稿，下午 5 点 30 分把完整稿子分享给我的顾问，让她给我挑错，问她有没有被打动，会不会购买，稿子存在什么问题，有什么建议等。

6 点她给我反馈，6 点 20 分我重新调整销讲逻辑，稿子完成顺利，8 点 40 分开始进行群分享。

### 3. 促销成交 7 个细节

促销成交属于运营驱动，核心是超值产品和触达动作，触达包括让用户加群、活动开始半小时前通知、发红包、发优惠券和接龙等。

可以是老用户内部快闪福利，也可以交付 9.9 元参与分享活动。分享 7 个要注意的细节：

第一，购买之后红色大字提醒加微信进群。

第二，打标签做好客户备注，方便拉群。

第三，有价值干货提前送，建立初步信任。

第四，设置超值赠品大礼包，限时限量。

第五，活动开始前半小时提前通知触达。

第六，直播间发红包送福利抓住用户注意力。

第七，社群发优惠券、购买接龙、促单销售。

### 4. 服务成交 7 个细节

服务成交属于价值和运营驱动的合体，适合单价 0.5 万元~10 万元的产品，需要经验操盘手和团队能力配合，一般采用合伙人商业模式，通过线上和线下让用户体验并购买，单月成交金额从 100 万元到 1000 万元不等。

和答疑成交、咨询成交、促销成交不同，服务成交讲究信任培育和温度交流。如果是广告投放获取的流量，成交周期从 7~14 天不等。如果是合伙人流量，成交周期从 7 天到一个月不等。

产品越贵，用户越多，越需要价值观和真诚的服务精神打动使用者。

第一，招募专业服务团队，专业化运营。

第二，建立独立的 IT 系统，让用户觉得专业。

第三，设置丰富的产品体系，满足不同需求。

第四，从购买到服务结束，建立完善服务流程。

第五，强调愿景使命价值观，设置社群底线。

第六，创始人敢于分名，让用户获得影响力。

第七，创始人敢于分钱，让用户实实在在赚到。

做社群服务成交的公司，有做理财培训、房产财商普及、通识技能培训等品类，要学习完整的流程，建议购买体验，进入核心团队。

服务成交重点在服务，需要理解人的内心需求，当大家满足了基本的温饱之后，希望在社交环境中获得他人的认可，获得成就感。

> **"**
>
> ## 把用户当人而不是流量。
>
> **"**

愿意付 0.5 万元~10 万元的用户，一般有以下 4 点核心需求：

第一，希望节约时间，在关键问题上，希望对方说重点，不喜欢拐弯抹角。

第二，希望被尊重，当拿到结果或者获得改变时，希望被点赞、认可和尊重。

第三，希望和优秀的人在一起，高效社交，交换资源，互通有无，合作共赢。

第四，希望体面赚大钱，他们懂得用金钱认可对方，讨厌粗暴的推销方式。

关于营销、促销和推销的区别，有一个段子：

男生对女生说：我是最棒的，我保证让你幸福，跟我好吧。——这是推销。

男生对女生说：我老爹有三处房子，跟我好，以后都是你的。——这是促销。

男生根本不对女生表白，但女生被男生的气质和风度所迷倒。——这是营销。

社群运营

制造痛点、笑点、
泪点和记忆点。

## 第四节
## 批量成交，让客户爽快下单的 7 个步骤

销讲不是讲你想讲的，而是要讲用户想听的，符合他最大化利益的内容。

### 一、线下销讲 7 个步骤

线下销讲，可以参考下面的结构：

（1）建信任：业绩强大，数据厉害。

（2）问问题：你是不是遇到这样的问题？

（3）给方法：这种问题我很擅长，有很多客户遇到这种情况，并且拿到结果。

（4）刺需求：如果 ×××，你要不要？

（5）挖痛点：如果你不 ×××，你会不会错过 ×××？

（6）树榜样：×××购买了，之后升职加薪甚至发了大财。

（7）促下单：今天的福利是×××，限时限量不买就错过了。

## 二、线上社群销讲 7 个步骤

线上社群销讲，可以参考下面的结构：

### （一）塑造价值——我讲的东西对你有什么好处

**1. 塑造主题价值**

一对多销讲文案，一开始就要想今天的主题对大家的好处，可以是省钱、脱单、赚钱、提升效率、提分等。

常用结构：

×××让你从×××变成×××，成交 3 步骤让使用者从犹豫到爽快下单。

×××让你多×××，移动互联网时代打造个人品牌，多赚 100 万元。

站在用户的角度，说人话，说出你可以帮他解决的麻烦和痛苦。地铁口卖房发传单，大多数人都不会接，因为没有价值。如果加一点文案，接传单的人可能会更多。

举例：离地铁口500米的50平方米到100平方米的房屋价格表，帮你租房省钱、买房赚钱的一手信息……限量100份，先到先得。

### 2. 塑造个人价值

除了塑造主题价值之外，你可以塑造个人价值，列出你的头衔和资料，让人更有兴趣听。

举例：

感谢大家抽出时间，做一个简单的自我介绍。

我本名姓李，英文名Frank，也叫弗兰克，我33岁从零开始写作，36岁出版人生第一本书《爆款写作课》，此书随后被央视推荐。

37岁1篇文案卖了300万元；曾经10个小时裂变1万付费用户，90分钟群发售招生预售收款60万元。

有些朋友可能会疑惑，如果我的头衔不厉害，没有那么多资料怎么办？我有两个建议：

第一，塑造团队领导的个人价值。

第二，塑造产品给用户带去的价值。

### 3. 塑造产品价值

塑造产品价值可以从畅销数据、权威报道、福利优惠、招商业绩等方面，从用户的角度，结合他的需求，给大家信息，让大家觉得来对地方了，产品很好，公司实力很强，今天会有福利，参加的会是一个好项目。

举例：

感谢大家选择×××，目前产品上市×个月，已经销售×个亿，目前请了××代言，下一步投放央视和抖音广告，会在×个城市做线下会员活动。

## （二）抽奖送礼——先直接给你带来好处

假设你的分享放在晚上9点，此刻客户正在下班回家的路上，刚刚点开看了一眼你说的价值，你能确保他能一直盯着手机吗？

不一定。

所以，请进一步用你最厉害的方法吸引他的注意力，让他相信，你真的能够给他提供价值。这个时候建议你做3个动作：发红包签到，发红包抽奖和发红包鼓励，如表4-2。

表 4-2  提供价值的 3 个动作

|  | 话术 | 注意事项 |
|---|---|---|
| 发红包签到 | 在的请打 1，满 20 人发红包 | 让大家打 1，制造热闹的氛围，如果直接开始发红包，其他人看不见有多少人在线 |
| 发红包抽奖 | 红包手气最佳，送某知名方便面一大包。 | 选择的礼物很重要，让人感觉很有意思，比如，送辣条，送"老干妈"。<br>游戏化是关键，最后加上两句大家可以复制的话：<br>吃完辣条，火遍全网 +1<br>对客户，像妈妈一样关怀 +1 |
| 发红包鼓励 | 你是好样的!<br>感谢你!<br>这么优秀还来一起学习等第二个发红包的人 | 用红包说话，持续一分钟，会发生意想不到的热闹场面 |

发红包的目的是聚焦用户注意力，让用户相信你真的会给他带去好处，同时制造意外让他体会到不一样的社群玩法。

发完红包之后，提问可以制造更多的参与感，问大家看完上面发奖品的过程有什么感受，欢迎说说，用一个词来说说。这个时候，可能有很多答案。

比如：网感、有趣、好玩、热闹、意外、很好、燃、新鲜等。

### （三）挖掘痛点——你现在是不是也遇到这样的问题

用户体会价值、惊喜，参与其中的时候，继续制造互动，让用户沉浸其中：

你的群，之前是不是死气沉沉，是不是只有你一个人在分享？

你的群，大家平时"潜水"，是不是除了发红包，没有办法启动？

你的群，是不是发了广告没人买东西，只有你一个人在发消息？

然后再针对活跃低、运营难、见效慢给出你的解决方案。

如果你是要招商、卖产品、教文案或者做社群培训，那么客户最大的3个痛点是什么？

### （四）给出方案——针对你的情况我有3个建议

当挖掘痛点之后，客户很关心方案，这个时候你要针对用户痛点，给用户最简单直接的解决方案。

比如，如何提升业绩，让 100 人的群产生 1000 万元业绩，我给的解决方案有 3 点：

第一，去高付费圈子找到有购买能力的客户。

第二，提供一个用户特别想要的高单价产品。

第三，掌握销讲逻辑，用"你有疑难、我有办法、快来购买"的结构呈现。

如果你是在招商、卖产品或者做社群培训，你需要根据目标用户痛点，给出最简单最有说服力的解决方案。

比如，针对社群营销活跃低、运营难和转化低 3 大痛点，有 3 点解决方案：

第一，活跃低。缩短时间，做三天快闪群降低运营难度。

第二，运营难。捆绑利益，做合伙人模式让更多人参与一对一服务。

第三，转化低。提供转化 SOP 话术，让助教实操跟进。

### （五）个人故事——分享成长过程建立信任

少讲道理，多讲故事。可以是讲自己的故事，讲客户的故事，讲创始人的故事等。

讲个人故事的时间控制在 5 分钟以内，讲 3 个故事：

第一，能力的故事，我过去做成了什么事情。

第二，动机的故事，我为什么要做现在的事。

第三，愿景的故事，我将来要做成什么样子。

让客户对主人翁有一个全面的了解，化解心中的疑惑。

· 他是谁？

· 人在哪里？

· 现在从事什么工作？

· 拥有什么资源？

· 过去换过什么工作？

· 他为什么要做今天做的事情？

· 遇到了什么困难？

· 有什么样子的成功案例？

· 将来和自己有什么关系？

讲故事常见的 3 个误区：

第一，头重脚轻，前期个人故事太琐碎，后面帮助客户改变的故事太少，让人觉得你给客户带去的价值很小。

第二，没有动机，没有从利他的角度去讲做现在的事情的动机和缘由，最好的状态是，自己受益了，身边人受益了，想让更多人受益。

第三，没有案例，没有讲让客户成功的案例和变化，更好的状态是呈现出前后对比以及将来你怎么协助他。

目的是让客户认可你这个人，让大家觉得这个人靠谱，值得成为合作伙伴，值得成为朋友。

### （六）产品导入——将来怎么更好帮助你

用 40 分钟左右的时间，让潜在客户对你的产品和本人产生信任。接下来你就要介绍你的产品，将来能怎样更好地帮助他。

在切入产品的时候，你可以很直白地说出自己的目的，让人放下戒备。比如我自己会说：

这次实战分享的目的，是找到 10 位朋友，一起合作 1 年，让你多赚 10 万元。

诚恳告诉对方，你送的是超值大礼包，同时也明确告诉对方，未来他可以获得什么。

## （七）促单购买——现在不付款你会失去什么

介绍产品之后，用户不一定会马上下单，要解决客户的后顾之忧，可以通过限时限量和接龙，让用户下单。

同时明确告诉对方，如果他现在不付款，多久之后价格会涨到多少。

让用户相信，你真的是那个可以帮助他的人，在客户下单付钱后，开始服务，成就对方。

关于销讲

你不是人民币，怎么可能让所有人满意！

**后 记**

## 持续行动，做一个有影响力的人

### 引流的心法

持续分享对用户有价值的内容，分享让他尖叫、让他立马能用的方法，让对方受益，并告诉对方你有更多让他受益的方法、产品和服务。

举例：如果你做演讲培训时，做引流品，你可以分享给用户克服演讲恐惧的 10 个方法：

1. 选题：讲观众想知道的你做到的成果，分享取得成果的方法和原因，并告诉对方将来的大趋势和要采取的行动。

2. 心态：抱着送礼物的心态，口袋里准备 100 元现场送给观众，现场进行互动并真的送给参与互动的观众。

3. 演讲前：对着镜子讲 10 次，上台前脱稿演练 1 次，熟悉内容。

4. 演讲前：准备 3 张关键词卡片，忘词的时候拿出来瞟一眼。

5. 演讲前：准备好停电、挑刺、扔鞋子等各种意外，并准备好一首可以停电唱的歌曲。

6. 会场中：在前排可见的位置，安排几个熟人朋友，让自己觉得安全。

7. 会场中：前后走一圈，和观众聊天、握手、拥抱一次，熟悉观众。

8. 上台前：给朋友、另一半、家人打一个电话。

9. 上台前：喝一口水，深呼吸，上台，分享你的成果、观点和礼物。

10. 演讲中：问观众要掌声，邀请现场观众给自己一点反馈和鼓励。

当对方感到受益时，趁热打铁，让对方对你产生信任。

## 成交的心法

通过短视频、专栏、公众号、直播、书籍出版、打造个人品牌，提升个人影响力，让更多潜在客户了解你，喜欢你，信任你，跟随你。让客户购买，在心法方面你要做到3点：

第一，倾听客户需求，关注对方目标。

倾听并重复对方的话，确认对方的真实需求，认可对方，让对方认为你说得对。

第二，理解客户痛点，提供有竞争力的价值。

三流的销售卖产品，二流的销售卖方案，一流的销售卖品牌，顶级销售卖人品。

理解客户，并给对方一套专属解决方案，提供可感知的价值。

第三，心中装着对方的利益，并让对方看见。

想对方所想，急对方所急，始终为客户利益着想；价值不到位，绝对不报价，忘记成交，真心成就对方；让对方相信你能够帮助他拿到他想要的结果，让成交水到渠成。

## 掏心窝子的话

10年时间，不短也不长，我从一个收钱脸红的传统打工人，通过不断学习和实践，成了帮助客户卖得更多、卖得更贵、获得更多财富的人。有3句掏心窝子的话送给有缘的你。

### 第一，放下玻璃心，量化目标拿到结果。

大多数人受到外界刺激时，会蠢蠢欲动，然后去尝试，只有少数人知道自己想要什么，并能坚持下去。

很多人都建议多管道收入，我更建议你设定一个清晰的目标。比如：我想在××岁生日××××年××月××日之前，个人工资＋管道收益超过100万元。

从小事开始，盯准一个自己感兴趣的内容，撸起袖子加油干，研究100天，实践100天。在100天之内，不要找借口，不要自我否定，不要抱怨，通过设置奖励，找到同伴，互相监督，自我约束拿到结果。

去尝试，去行动，去坚持，去做成一件事，做一件让自己自豪的事情。随着做成功的事情越来越多，你就会发自内心地相信有志者，事竟成！

第二，高效利用时间，做一件事为多个目的服务。

做一件事，不要仅仅为一个目的服务，而是要为多个目的服务。

比如，写一篇文章，可以同时为投稿、出书和讲课服务。

再比如，看完我的故事，你可以模仿着写一篇属于自己的 10 年故事，或者把金句做成视频。

第三，定一个大目标，关注这 6 件事。

· 读好书：提升自己的认知。

· 见牛人：向有结果的人学习。

· 花大钱：加入优秀的圈子，结识优质人脉。

· 干大事：定一个大目标。

· 带团队：和优秀伙伴一起奋斗。

· 拿结果：关注时间和成本，拿到结果。

## 看到、学到、用到、赚到

你好，创业者，销售，保险人，副业探索者，希望你通过这本书，多找 100 个客户，多赚 10 万元，甚至 100 万元，做一个有影响力的富人！

谢谢你看到这本书，谢谢你读完干货和我的个人故事。

如果你受到启发，学到干货，请一定要用到工作和生活中。如果它帮助了你提高了认知，提升了你的销售力，并且拿到结果，欢迎推荐给你的朋友、同事、主管和老板。

看完这本书，你的行动是什么？

现在你已经看完这本书了，建议做下面7件事：

第一，重新规划目标，未来一年业绩提升100万元；

第二，多渠道引流，未来一年多找100个客户；

第三，设定小目标，实践本书精华多赚10万元；

第四，梳理客户资料，区分标注 ABC 客户类型；

第五，服务好老客户，精心挑选一份特别的礼物；

第六，教是更好的学，做一场线下沙龙分享读书收获；

第七，利他就是利己，做一场7天线上书籍共读活动。

看完这本书,对变现有疑惑,可以关注"弗兰克",输入"变现",了解从 0 到变现 100 万元的 7 个实操心得。

© 民主与建设出版社，2021

**图书在版编目（CIP）数据**

多卖三倍 / 弗兰克著 . -- 北京：民主与建设出版
社，2021.9（2022.1 重印）
ISBN 978-7-5139-3517-3

Ⅰ . ①多… Ⅱ . ①弗… Ⅲ . ①网络营销 Ⅳ .
① F713.365.2

中国版本图书馆 CIP 数据核字 (2021) 第 177711 号

**多卖三倍**

DUOMAI SANBEI

| | | |
|---|---|---|
| 著　　者 | 弗兰克 | |
| 责任编辑 | 程　旭 | |
| 封面设计 | 仙　境 | |
| 出版发行 | 民主与建设出版社有限责任公司 | |
| 电　　话 | （010）59417747　59419778 | |
| 社　　址 | 北京市海淀区西三环中路 10 号望海楼 E 座 7 层 | |
| 邮　　编 | 100142 | |
| 印　　刷 | 唐山富达印务有限公司 | |
| 版　　次 | 2021 年 10 月第 1 版 | |
| 印　　次 | 2022 年 1 月第 4 次印刷 | |
| 开　　本 | 787 毫米 ×1092 毫米　　1/32 | |
| 印　　张 | 8 | |
| 字　　数 | 133 千字 | |
| 书　　号 | ISBN 978-7-5139-3517-3 | |
| 定　　价 | 45.00 元 | |

注：如有印、装质量问题，请与出版社联系。